O PODER MODERADOR NA REPÚBLICA PRESIDENCIAL

O GEN | Grupo Editorial Nacional – maior plataforma editorial brasileira no segmento científico, técnico e profissional – publica conteúdos nas áreas de concursos, ciências jurídicas, humanas, exatas, da saúde e sociais aplicadas, além de prover serviços direcionados à educação continuada.

As editoras que integram o GEN, das mais respeitadas no mercado editorial, construíram catálogos inigualáveis, com obras decisivas para a formação acadêmica e o aperfeiçoamento de várias gerações de profissionais e estudantes, tendo se tornado sinônimo de qualidade e seriedade.

A missão do GEN e dos núcleos de conteúdo que o compõem é prover a melhor informação científica e distribuíla de maneira flexível e conveniente, a preços justos, gerando benefícios e servindo a autores, docentes, livreiros, funcionários, colaboradores e acionistas.

Nosso comportamento ético incondicional e nossa responsabilidade social e ambiental são reforçados pela natureza educacional de nossa atividade e dão sustentabilidade ao crescimento contínuo e à rentabilidade do grupo.

COLEÇÃO
CONSTITUCIONALISMO
BRASILEIRO

BORGES DE
MEDEIROS

Apresentação
EROS GRAU

4ª
edição

idp

O PODER MODERADOR NA REPÚBLICA PRESIDENCIAL

Impresso no Brasil – *Printed in Brazil*

EDITORA FORENSE LTDA.
Uma editora integrante do GEN | Grupo Editorial Nacional
Travessa do Ouvidor, 11 – Térreo e 6º andar – 20040-040 – Rio de Janeiro – RJ
Tel.: (21) 3543-0770 – Fax: (21) 3543-0896
faleconosco@grupogen.com.br | www.grupogen.com.br

■ Capa: Fabricio Vale

■ **CIP – BRASIL. CATALOGAÇÃO NA FONTE.**
SINDICATO NACIONAL DOS EDITORES DE LIVROS, RJ.

M438p
Medeiros, Antônio Augusto Borges de

O poder moderador na República presidencial / Antônio Augusto Borges de Medeiros. - 4. ed. - Rio de Janeiro : Forense, 2019.

Inclui bibliografia
ISBN 978-85-309-8227-0

1. Direito constitucional. I. Título. II. Série.

18-51455 CDU: 342

Vanessa Mafra Xavier Salgado - Bibliotecária CRB-7/6644

APRESENTAÇÃO

Não tenho pejo, após uma nova leitura do livro escrito por Antônio Augusto Borges de Medeiros, publicado em 1933, em iniciar este prefácio aludindo ao quanto nos une em termos de superação do Tempo (com T maiúsculo, senhor revisor!). Como se estivéssemos agora, juntos, a tomar um chimarrão.

Nascido em Caçapava do Sul, gaúcho como eu, era – como eu, repito – próximo a Júlio de Castilhos e estudou na Faculdade de Direito das Arcadas do Largo de São Francisco[1], onde fui por mais de quarenta anos professor.

Governador do Estado – Presidente, como eram chamados então –, comandou o Rio Grande do Sul durante 25 anos. Getúlio Vargas, seu discípulo – como acontece sempre, sempre –, voltou-se contra ele. No movimento constitucionalista de 1932, apoiou os que gritavam pela legalidade desde as Arcadas, tendo sido eleito deputado federal – membro da Assembleia Nacional Constituinte de 1933. Em 1934, foi candidato à Presidência da República, em eleição indireta no Congresso Nacional, tendo obtido 159 votos, Getúlio vencendo por 174. Eleito deputado federal pelo Rio Grande do Sul, foi cassado em 1937. Afastado da política, viveu até maio de 1961, quando se foi, quase centenário, em Porto Alegre.

Não resisto ao impulso de lembrar que outro gaúcho, Ramiro Barcelos, também deputado federal, sob o pseudônimo de Amaro Juvenal escreveu, na segunda década do século passado, um formidável poema gauchesco – Antônio Chimango – investindo contra ele.

Pouca gente sabe disso, razão pela qual – invocando uma canção de outro gaúcho, *Porto dos casais* – tento justificar essas minhas expansões sentimentais iniciais repetindo que é sempre bom lembrar coisas passadas.

---

(1) Apenas no quinto ano do curso de Direito ele se transferiu para a Faculdade de Direito do Recife.

Não me parece oportuna, em um prefácio, a manifestação desta ou daquela opinião, crítica ou não, a respeito do comportamento político do autor. O que importa agora, ainda que determinada por razões políticas - lembre-se, digo outra vez, que em 1933 ele era membro da Assembleia Nacional Constituinte –, é a literatura jurídica de Borges de Medeiros.

Os livros de que se valeu, qual se lê nas notas de rodapé, acabavam de ser editados quando escreveu o quanto cá estou a prefaciar. De Kelsen, *La démocratie: sa nature, sa valeur*, publicado pela Recueil Sirey em 1932, tradução de Charles Einsenmann. De Tristão de Athaíde, a *Política*, cuja primeira edição, sem indicação de editora, é desse mesmo ano. E mais, quase incrível, de Guetzévitch *Les Constitutions des nations américaines*, da editora Delagrave, publicado também em 1932.

Perdoem-me pelo tanto que me estendo neste prefácio, mas a bibliografia usufruída por Borges de Medeiros no quanto escreveu dará ao seu leitor conta do seu aprimoramento intelectual. Além de tudo, da prudência - *a phronesis* aristotélica - que praticou ao afirmar que "o ideal compatível com a nossa civilização é o do Estado de Direito". Pouco importa este prefácio, composto após o que foi escrito (embora aparentemente tenha sido feito anteriormente, pré-feito), sob o manto da prudência, pelo meu irmão gaúcho.

Eros Roberto Grau

Nota da editora:
Todo o sumário foi mantido conforme publicação original.

SUMÁRIO

BORGES DE MEDEIROS

O PODER MODERADOR

NA

REPUBLICA PRESIDENCIAL

(Um ante - projecto da
Constituição Brasileira)

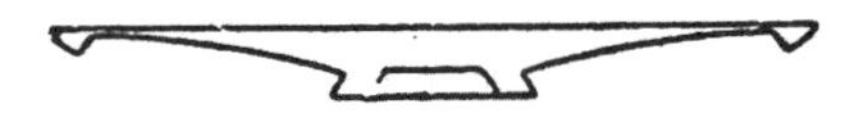

1933

ADVERTENCIA

A mim mesmo e á natural curiosidade dos que não se satisfizerem com a simples leitura do contexto e de seus motivos, importa dizer porque e para que abalancei-me á uma empreza tão ardua, como a da redação de um ante-projeto de Constituição para a Nova Republica, que os homens da revolução de 1930 estão obrigados a edificar com os escombros do regime que fizeram ruir, ao cabo de 40 anos de sua existencia, decorrida em meio das alternativas de maus e bons governos.

A razão precipua do meu empreendimento não é outra mais do que a contingencia, por mim proprio creada, de desobrigarme de um encargo espontaneamente assumido, quando daqui prometi, aos atuaes dirigentes do partido republicano sul-rio-grandense, contribuir, na medida de minhas possibilidades, para a maior amplitude que convinha dar-se ao programa constitucionalista, que lhes cumpria publicar e propugnar, e com que deveriam os candidatos da **Frente-Unica** pleitear, apezar da anormalidade, os sufragios populares, na eleição de 3 de Maio, para a Assembléa Nacional Constituinte.

Era mistér revêr agora cuidadosamente o velho programa republicano, que se identificára com os regimes vigorantes, até 1930, na União e no Estado, em cujas constituições houvera logrado consubstanciar-se, senão **in totum,** ao menos no que de melhor podia comportar o momento historico, em que surgira e crescera a primeira Republica.

Mas essa integração fôra menos explicita e menos completa na constituição federal do que na estadoal. Restava, assim, daquele programa, fóra da Constituição de 24 de Fevereiro, um complexo de idéas e principios que haviam passado a constituir, entre nós, uma aspiração revisionista. Todavia era oportunista o nosso revisionismo. Queriamos a conservação daquele estatuto, nas suas linhas estruturais, e limitada a sua reforma exclusivamente ao que fosse conducente ao maior desenvolvimento da liberdade civil e politica, e ao melhor funcionamento da instituição federativa.

Nunca houve propicio ensejo de afirmar praticamente o nosso ponto de vista reformador, e, ao contrario, foi-nos forçoso, por vezes, combater certas tentativas revisionistas, que nos pareciam retrogradas ou anarquicas. Elas entranhavam o perigo de aluir o edificio constitucional, nos seus proprios fundamentos, desde que não havia, entre os reformadores, correntes de opinião, definidas e orientadas, com clareza e precisão.

Era, pois, logico e inevitavel que o nosso novo programa constitucionalista, na União, não só revalidasse essas reivindições do passado, sobreviventes ás perempções do tempo, como tambem contemplasse, á larga, o que de renovações está a reclamar a atualidade brasileira, á luz das novas idéas e realidades que caracterisam este primeiro terço do seculo XX.

Poderia eu cingir-me restritamente ao que de mim desejavam os distintos correligionarios componentes da "Comissão Central" do meu partido, enviando-lhes simplesmente uma sumula das sugestões ou proposições que, a meu vêr, deveriam inserir-se naquele documento politico. Mas as enunciações, dess'arte expressadas, haveriam certamente de incidir nos defeitos da concisão e obscuridade, para a generalidade dos espiritos. Afigurou-se-me conseguintemente de maior valia executar um trabalho completo, posto que imenso para mim, esboçando a propria Constituição, nos moldes da doutrina e das construções politicas, mais tipicas, do mundo contemporaneo. Assim nasceu a concepção deste ante-projecto constitucional, cuja primeira utilidade logo evidenciou-se na preparação do programma eleitoral, a que serviu de fonte subsidiaria.

Outro merecimento mais alto lograrà elle demonstrar, si porventura puder auxiliar a atuação dos eleitos da "Frente-Unica Rio-grandense", na Constituinte Nacional. Sobram-lhes os titulos para aperfeiçoarem, e até refazerem, o que pude engenhar sem outro intuito senão o de provocar o exame e o debate dos mais doutos. Seria fatuidade ou inconsciencia pretender a perfeição em obra de tamanha monta. Longe de mim essa estolida presunção. Serei o primeiro a reconhecer as lacunas e os senões, que poderão nella existir. Escasso e premente foi o tempo, de que dispuz, menos de tres mezes, para executar o improbo labor de articular todas as materias contidas no projeto, de cuja revisão nem sequer me foi dado cuidar com o necessario esméro, pois que urgia encaminha-lo ao destino a que fôra condicionado. Todas as suas imperfeições devem, pois, ser levadas á conta dessa contingencia aliada naturalmente á da minha insuficiencia teorica. Esta busquei suprir, tendo diuturnamente, sob as vistas, as constituições européas e americanas que os mais abalisados publicistas, em seu consenso, nos inculcam, como os melhores paradigmas de organização politica.

Não bastava, porém, assimilar, imitar e transplantar o que de melhor nelas se encerra em realidades positivas e em soluções futuras. Era preciso tambem vencer outra dificuldade maior, a de joeirar e coordenar o que fosse mais consentaneo ás condições e peculiaridades do nosso viver nacional. Si acertei ou falhei nesse tentame, é o que só os mestres saberão decidir e os fatos terão que confirmar ou desmentir. Facilmente se lobrigará, a mais, no projeto uma parte realmente súbjetiva e original, filha legitima de antigas meditações e de concepções amadurécidas. Si ahi entrou a imaginação com o seu cabedal de idealismo, cuido eu que muito mais contribuiu, para a elocubração, a historia politica do país, mórmente a da éra republicana. No mais, tudo é o fruto do estudo e da observação, e principalmente da inegualavel ciencia, celebrada no verso immortal do épico luzitano, aquela que consiste — **no saber só de experiencia feito**.

Foi-me, não menos, um forte estimulo ao esforço o dever de mandar á minha terra natal, e aos que ali porfiam em prol da verdade politica e da restauração das liberdades publicas, o unico tributo espiritual que a minha situação de desterrado permitia-me consagrar-lhes.

Apraz-me ainda registar duas coincidencias que me foram propiciatorias: a de haver encontrado aqui. onde fôra editado em 1865, o melhor livro, da autoria de um professor pernambucano, sobre o Poder Moderador, cuja leitura muito contribuiu para que eu reformasse a velha concepção do poder presidencial; e a de haver projetado uma Constituição na mesma tradicional e culta cidade do Recife, donde laureado saira em 1885, para, 48 annos passados, a ela voltar, pela força irresistivel do destino.

INTRODUÇÃO

Uma verdadeira Constituição é a que logra plasmar com fidelidade a que se vem elaborando, lenta e confusamente, nos espiritos, sentimentos e crenças do povo. Ela não deve ser a improvisação do idealismo e da razão pura.

As que tiveram esse vicio de origem nasceram inviaveis e breve vieram a desaparecer. Essa a lição da historia; o exemplo da Revolução Francêsa; o fato constante que se evidencia na instabilidade dramatica da vida politica sul-americana.

"O direito constitucional não é jamais um produto de logica abstrata; o direito, sendo a expressão da consciencia juridica dos povos, se crêa em meio das lutas e conflitos, e é, as mais das vezes, o resultado dum compromisso entre diferentes tendencias e interesses....." (1)

Hoje nenhuma construção constitucional será duradoura, si não fôr obra de tecni-

---

(1) Constituição das Nações Americanas, p. XI — Mirkine Guetzévitch.

ca-juridica, ao mesmo tempo que do saber e da experiencia das assembléas constituintes.

A intervenção do jurista é necessaria para assegurar a supremacia do direito na organisação e atividade do Estado; mas a ação creadora do politico é a que póde transfundir na **substancia** constitucional tudo o que sobrevive na tradição historica e nas realidades sociais, sob pena de falhar no sentido objetivo e no seu destino construtor. Duas são, pois, as ciencias concorrentes que entram na formação constitucional de um país: **a ciencia juridica e a ciencia politica**. Qual delas ha de ter a primazia nessa laboração comum? A natureza das coisas e o consenso universal hão conferido á tecnica juridica a primazia na fase preparatoria do processo legislativo, quando é necessario que os lineamentos do arcaboiço tracejado se justaponham, dentro de normas claras e formulas lapidares. Conceber e projetar é, dess'arte, a função dos tecnicos, cujo merecimento estará na medida em que souberem instituir com eficacia as garantias de todos os direitos, e a mais perfeita regulamentação dos poderes do Estado.

Esse o metodo cientifico, por excelencia, cuja aplicação, em toda a parte, comprova a sua utilidade indiscutida.

A Alemanha pediu ao seu grande jurisconsulto, Hugo Preuss, o estatuto que a Assembléa de Weimar adotou depois com modificações, que não lhe deformaram a estrutura; a Austria delegou identica tarefa a Hans Kelsen, o famoso mestre da "Escola Vienense" de direito publico. Assim noutros paizes. Mas não precisamos ir longe. Em nosso proprio paiz, e em menos de um seculo, dois antecedentes ilustrativos se oferecem; os de 1823 e 1890.

Dissolvida a primeira Constituinte Nacional, creou o imperante um Conselho de Estado, cometendo-lhe a incumbencia de redigir a Constituição que, aprovada pelas Camaras Municipais, promulgada e jurada em 25 de Março de 1824, havia de possuir a virtude de reger o Imperio até o fim.

Em 1890 foi uma comissão, constituida de cinco membros, a que, por incumbencia do Governo Provisorio, redigira o projeto da Constituição Republicana. Submetido êle á revisão ministerial, coube a Ruí Barbosa dar-lhe a redação definitiva e, nesse desempenho, os aperfeiçoamentos, que nele introduziu, foram de tal monta que á Constituinte não ficou mais trabalho do que o de discuti-lo e retoca-lo, sem siquer transmudar-lhe a forma, quanto mais a essencia. Foi assim o grande brasileiro o arquiteto maximo da Constituição de 24 de Fevereiro de 1891.

Ainda agora não é outra a traça que estão seguindo os elaboradores da nova Constituição, cujo projeto saiu dos debates travados no seio de uma sub-comissão oficialmente constituida de juristas-politicos, na sua mór parte. E o que se regista no tocante ás Constituições vai sendo tambem regra comum no processo de legislar, mórmente em se tratando de codificações.

E' o que afirma Mirkine-Guetzévitch neste trecho expressivo: "A vida atual é tão complexa que, dum lado, varios problemas da vida social devem receber uma regulamentação administrativa e não legislativa, e, doutro lado, é o Executivo que exerce o ról mais importante no processo legislativo. Para preparar uma lei, é preciso ter varios especialistas, é preciso recorrer ás competencias tecnicas dum grande numero de sabios, de tecnicos, de administradores, de funcionarlos, etc.

Para estabelecer um projeto de lei, é preciso ter um aparelho governamental.

Para redigir a imortal **Declaração de**

Direitos, não é necessario recorrer aos tecnicos; mas, para edificar uma lei sobre os seguros sociais, sobre a proteção á maternidade ou mesmo um codigo sobre estradas, é preciso constantemente recorrer ás competencias tecnicas accessiveis unicamente ao Governo". (1)

Depois da tecnica, a politica. Mas esta não é mais o arbitrio ou o capricho de autocratas e oligarcas que, ainda no seculo XIX, com a sagração do direito divino ou do direito da força, se compraziam em outorgar, como uma graça, cartas constitucionais pseudo-democraticas.

As constituições modernas podem nascer da iniciativa dos governantes, mas não adquirem força e legitimidade, emquanto não recebem a consagração solene das assembléas representativas do povo.

Do recesso dos gabinetes ministeriais, como das privanças dos conselhos tecnicos, é forçoso que os projetos passem á revisão suprema dessas assembléas, cuja soberania não está sujeita a contrastes, nem a limitações. E' então que a influencia do meio social e politico vai manifestar-se de modo direto e decisivo. Nesse **meio** preexistente,

(1) Mirkine Guetzévitch — Les Nouvelles Tendances du Droit Constitutionel, p. 199.

donde saem aqueles que têm de legislar, as idéas difundidas e aceitas tendem a transformar-se em opiniões e sentimentos, geradores de orientações e propulsores das atividades individuaes.

E' nesse instante que se formam os partidos, como agrupamentos espontaneos de homens de uma mesma opinião, compenetrados da necessidade de um esforço comum, em prol de seus ideaes e interesses.

"E' ilusão ou hipocrisia sustentar que a democracia é possivel sem partidos politicos. Porque é mui claro que o individuo isolado, não podendo adquirir nenhuma influencia real sobre a formação da vontade geral, não tem, do ponto de vista politico, existencia verdadeira. A democracia não pode, em consequencia, seriamente existir senão quando os individuos se agrupam conforme seus fins e afinidades politicas, isto é. senão quando, entre o individuo e o Estado, veem inserir-se estas formações coletivas, de que cada uma representa uma certa orientação comum a seus membros: um partido politico. A democracia é, pois, necessariamente e inevitavelmente um Estado de partidos." (1)

(1) Hans Kelsen — La Democratie, pag. 20-21.

Onde houver um unico partido ou, havendo dois ou mais, um só lograr o predominio absoluto, não se póde duvidar que o Estado ha de ser o que ele quizer que seja. A vontade e a ideologia de cada um deles, não sofrendo contrastes nem limitações, irão ditar normas e resoluções ás assembléas, que elegerem e fizerem á propria imagem. Nessa hipotese a Constituição, que de uma tal Constituinte emanar, ha de ressentir-se forçosamente do seu espirito partidario e exclusivista, enquadrado nos estreitos moldes que um só pensamento politico costuma talhar. Não surgirá ela da livre discussão, e o regime, que instituir, mais ha de servir aos interesses dos seus creadores que aos da coletividade.

Si, contrariamente, varios partidos coexistirem, dispondo de forças eleitoraes ponderaveis, não podendo nenhum deles monopolisar a representação politica, não haverá mais unanimidade, e sim maioria e minoria na composição da assembléa. Quando a maioria não fôr bastante qualificada para impôr a sua ditadura, nem a minoria tão fraca que não consiga atingir certa importancia politica, é de presumir se manifeste uma influencia reciproca, entre elas, tendente a concertar o antagonismo das idéas e interesses, mediante formulas e soluções conciliatorias. "E si o processo dialetico caracteristico do parlamento tem um sentido profundo, este não pode ser senão o de fazer, de qualquer maneira, surgir da tese e da antitese dos interesses politicos uma sintese." (1)

As constituições promulgadas, nessas circunstancias, ordinariamente nascem de compromissos, e enchem-se naturalmente de ecletismos politicos.

Não são outras as origens e caracteristicas das modernas constituições européas, cujos textos revelam, superiormente, o equilibrio entre as forças conservadoras e as renovadoras da revolução social e politica, que a guerra fez explodir.

Entretanto não foram só os fatores nacionais que as animaram, mas tambem os modelos do constitucionalismo democratico e federativo de constituições, como as de França, Suissa e Estados Unidos. E' que "a constituição de cada paiz é sempre um compromisso entre as tradições politicas existentes e o **direito constitucional geral**, cuja definição e redação são da competencia da ciencia juridica."

---

(1) H. Kelsen, Ibidem, p. 68.

E, defendendo a unidade do direito publico, Mirkine Guetzévitch a faz **repousar sobre a unidade da consciencia juridica e sobre a unidade empirica da evolução historica,** acrescentando: "A unidade do direito publico se manifesta ordinariamente na época dos grandes abalos historicos.

E' justamente no curso das etapas decisivas do desenvolvimento historico que o principio da unidade do direito publico se impõe de uma maneira particularmente clara e imperativa aos contemporaneos; é justamente nos periodos de transição que a consciencia juridica dos contemporaneos introduz o principio da unidade do direito publico nos textos constitucionais.

O principio da unidade do direito publico foi afirmado no fim do seculo XVIII pelos homens da Revolução franceza, que aparecem não somente como os paes das idéas constitucionais européas, mas como os paes da **tecnica constitucional** moderna. Este principio da unidade do direito publico foi desenvolvido e completado no seculo XX, nas constituições européas post-guerra." (1)

A' luz desses ensinamentos da ciencia e da historia, e sob a inspiração das tradições

(1) Les Nouvelles Tendances du Droit Constitutionel, p. 51-52.

nacionais e dos ideais da revolução triunfante de 1930, busquei seguir os melhores roteiros da legislação comparada, cujas normas tive o cuidado de adaptar convenientemente á psicologia e á indole do povo brasileiro.

O Brasil viveu e educou-se, por mais de um seculo, sob o regime de duas constituições liberais, praticando embora o sistema representativo com as imperfeições de todos conhecidas. Ele quer um Estado livre e democratico, e não foi para outro fim que revoltou-se contra os abusos do **poder pessoal** e as mistificações da **mentira eleitoral**. O ideal compativel com a nossa civilisação é o do **Estado de direito,** cujo principio teleologico é a democracia juridicamente organisada. "No actual estado dos conhecimentos humanos a democracia parece ser ainda o systema que apresenta maiores possibilidades de melhor presidir, politicamente, a uma evolução favoravel das sociedades, porque oferece oportunidades, desde que haja conhecimento do meio e ampla divulgação de cultura, a que as verdadeiras elites sejam apontadas e chamadas a atuar na direção da cousa publica." (1)

---

(1) Discurso inaugural da Escola Livre de Sociologia e Politica de S. Paulo — Roberto Simonsen.

PARTE PRIMEIRA

Direitos e deveres fundamentaes

> "Os direitos e deveres fundamentaes servem de guia e de limite á legislação, á administração da justiça e ao exercicio das funções publicas."
>
> (Constituição de Dantzig, art. 71.)

Nenhuma, como a Constituição da cidade livre de Dantzig, definiu com mais clareza e precisão o ról que gozam os direitos e deveres fundamentais na organização do Estado. Parte essencial e integrante das constituições, não é em vão que algumas delas os inscrevem entre os seus prolegomenos, assinando-lhes uma prioridade que a historia e a filosofia politica lhes reconhecem.

Entram nesse numero as Constituições da Espanha, Portugal, Mexico, Estonia, Lituania, e outras. Optei por esse metodo construtivo.

Seculos antes que as revoluções do ultimo quartel do seculo XVIII fizessem nascer o constitucionalismo americano e francez, já os anglo-saxonios se protegiam contra o arbitrio do absolutismo real, vivendo sob o amparo legal de garantias individuaes.

Remontam ao seculo XIII, ano 1225, as liberdades outorgadas na **Magna Carta** do Henrique III, e sucessivamente desenvolvidas até a sua consolidação no **Bill dos Direitos** de 1689, pelo qual os lords e comuns da Grã-Bretanha limitaram a autoridade real e declararam para todo o sempre inviolaveis certas liberdades civis e politicas.

"E, por herança da Inglaterra, as colonias americanas, reproduzindo cartas e constituições anteriores, as tinham consignado solenemente na Declaração de Direitos, lavrada em Philadelphia, aos 14 de outubro de 1774. (1)

Assim o regime de garantias individuais, nas colonias inglêsas da America do Norte, a cuja frente destacaram-se a Virginia e o Massachusets, precedeu de muito a

---

(1) Ruy Barbosa — Primores, pags. 215-216.

propria independencia, e foi a genese das declarações constitucionais de 1774 e 1787.

A famosa declaração dos **direitos do homem e do cidadão** foi o marco inicial da Revolução Franceza de 1789, e o principal paradigma das constituições européas do seculo XIX. Eis as origens primarias do direito constitucional, e o resultado fecundo de uma longa evolução até 1789.

Mas neste seculo, post-guerra, novas concepções, as dos **direitos sociaes** medraram e se afirmaram nas novas Constituições, modificando e alargando o catalogo dos principios classicos.

E, referindo-se ao facto tão importante, assignala Mirkine-Guetzévitch que "as tendencias geraes da evolução das Declarações de direitos parecem ter as caracteristicas seguintes:

1.° — Extensão material da lista habitual dos direitos e deveres;

2.° — Aparecimento de direitos sociaes;

3.° — Alargamento do conteudo das declarações, resultante da racionalização do poder;

4.° — Limitação do direito de propriedade;

5.° — Limitação das liberdades indi-

viduais (o contrôle social das liberdades individuais);

6.º — Proteção internacional dos direitos do homem e limitação do poder constituinte do Estado pelos tratados internacionais." (1)

As novas Constituições tendem assim a "abarcar a totalidade da vida social", determinando as obrigações do Estado nas suas relações com o individuo, o cidadão, a familia, a educação, o capital e o trabalho, a propriedade. Em consequencia "o novo direito politico ha de ter a preocupação de garantir juridicamente a pessôa **individual,** e, tambem, a pessôa **social,** tendo em conta o valor e o influxo dos **grupos,** orgãos dos interesses **superindividuais,** ou, melhor, sociais. (2).

No Brasil, as Constituições do Imperio e da Republica imitaram os melhores paradigmas da época no declarar a inviolabilidade dos direitos concernentes á liberdade, á segurança individual e á propriedade.

Mas o art. 72 da lei magna republicana era um aperfeiçoamento natural, compa-

---

(1) Les Nouvelles Tendances du Droit Constitutionel, pag. 114.

---

(2) Adolfo Posada — La Reforma Constitucional, pag. 83.

rado com o art. 179 da constituição imperial, e essa superioridade revelava-se, não só numa maior extensão de direitos, como tambem no estilo lapidar da sua redação. Nada de melhor deparou-se-me nas constituições estrangeiras. Obvio é, portanto, que haja eu conservado, na integra, esse artigo, que reproduzi textualmente, aditando-o pouquissimo.

Foi-me, porém, necessario recorrer a outras fontes no tocante aos **direitos sociaes**, que a Constituição Brasileira desconhecia, porque só trinta anos depois se impuzeram ao mundo com a logica dos acontecimentos historicos. Ahi fui pedir a orientação geral ás novas constituições européas, assimilando-lhes o que se me afigurou mais consentaneo ao nosso paiz.

Em perfunctoria analise passarei em revista as materias distribuidas pelos diversos capitulos.

A familia — A familia é uma sociedade natural, e uma instituição anterior ao Estado e á propria sociedade. Até aqui o direito só lhe reconhecia a influencia na ordem moral e civil, mas a nova tendencia é no sentido de conferir-lhe tambem uma função **politica** em certas atividades do Estado. "A familia deve ter o direito de intervir na vida politica da nação como personalidade coletiva.

Foi o regime individualista, instaurado pela burguezia occidental, nos ultimos seculos e que attingiu o seu auge no seculo passado, que praticamente eliminou os direitos politicos da familia, como personalidade coletiva, diferente dos individuos isolados. O erro dessa atomisação social, a que chegou a democracia liberal, começa hoje a ser reconhecido pela instituição do "voto familiar", que é na ordem politica o que o "bem da familia" é na ordem economica: o reconhecimento pelo Estado individualista dos direitos primordiais dos grupos que o constituem." (1) Donde a creação de conselhos nacionais, estadoais e municipais, eleitos pelo voto familiar e com a competencia especial de legislar sobre a educação, higiene, beneficencia e assistencia social, cujas questões são as que mais de perto interessam á familia. O **voto familiar** se tornará assim um complemento logico do **voto feminino,** que é já uma realidade, entre nós. Conceda-se á mulher a prerogativa de eleger esse conselhos e deles fazer parte, e certamente ser-lhe-á conferido um ról mais nobre e importante que o da sua intromissão nas querelas

(1) Tristão Athayde — Politica, pags. 37-38.

partidarias e nas agitações eleitoraes. Assim como os paes de familia influem na organização dos corpos politicos, caiba tambem ás mães a preponderancia na formação dos conselhos. E, ao lado da mãe de familia, dispensando-lhe assistencia tecnica, convém que esteja a professora, especialisada nos conhecimentos pedagogicos e no exercicio do magisterio publico.

Associações — Esta denominação generica abarca todos os grupos sociais, intermediarios entre os individuos e o Estado, que tenham interesses e fins comuns, de carater espiritual ou economico. L. Lowell, reitor da Universidade de Harvard, caracterisou essa **realidade social** em um trecho digno de trasladar-se: "Ha cem anos as teorias democraticas eram individualistas. Tratavam o Estado como uma soma de unidades iguais e independentes. Hoje se nos ensina que o homem é um ser social, não só no sentido de Aristoteles, considerando que a natureza do homem o obriga a formar parte de um Estado, senão tambem em um sentido mais amplo, emquanto se acha ligado por laços sutis a grupos menores de pessôas no Estado.

Temos aprendido a reconhecer esta verdade, e, demais, com a facilidade de organização, obra das condições modernas, o numero, a complexidade e a força acumulada desses laços, aumentam. Não é possivel observar atentamente a vida social, sob qualquer aspecto, sem vêr que os interesses coletivos hão substituido, numa certa medida, aos pessoais; que o espirito consciente da civilização ocidental é menos individualista, dando-se-lhe uma organização mais elevada, ou, si quizerdes, mais socialista. Tal é uma das caracteristicas de nosso tempo." (1)

Entretanto é um problema ainda insoluvel, posto em equação no mundo inteiro, a representação politica das **classes** ou dos **interesses diferenciados**. Nos Estados Unidos, atuam os grupos, á margem da Constituição, que não os reconhece oficialmente, mas, nem por isso, deixam êles de exercer direta influencia nos negocios publicos. E' em Washington que se concentram, ás centenas, os delegados das associações, federações, uniões, fundações, ligas, etc., para agirem junto aos poderes publicos e aos grandes orgãos de publicidade. "E' ali, com efeito, que as representações dos interesses se relacionam com o Governo e estabelecem con-

(1) Adolfo Posada — La Reforma Constitucional, pags. 114-115.

tacto com o Congresso, ao mesmo tempo que mantêm comercio em geral, atravez da imprensa e pelos canais diversos da propaganda." (1)

Semelhantemente é o que se pratica na Inglaterra, onde as **Trade-Unions,** os conselhos de operarios e as comissões de peritos colaboram assiduamente com o Governo e o Parlamento no estudo e resolução dos mais graves problemas da economia e da finança. As **Trade-Unions** reunem anualmente as suas assembléas de produtores, elegem os seus **comités parlamentares,** e essas entidades se impõem á consideração dos poderes publicos como si fôram instituições do Estado. E, dessa forma, as forças economicas atuam fóra da Constituição, mas **afirmando-se fortemente.**

O **Conselho Economico** francês, no quai via Duguit o embrião de um verdadeiro parlamento sindical, foi instituido em 1925 como um orgam representativo dos mais variados interesses intelectuais, industriais, comerciais, agricolas, tecnicos, etc. As suas funções meramente consultivas não excluiam o direito de elaborar e propôr projetos economicos.

---

(1) Ibidem, pag. 119.

A Constituição alemã de Weimar instituiu um **Conselho Economico do Reich,** com representação dos operarios e patrões, dando-lhe a missão de intervir nas questões sociais e economicas, e cooperando tambem na execução das leis socialisadoras.

Mas não tem ele voto deliberativo, e a sua principal atribuição reduz-se a examinar e propor projetos que os poderes do Reich são livres de aceitar, não sendo considerado um ramo do poder legislativo. Outras constituições, porém, instituiram a representação profissional no seio das camaras ou conselhos politicos. Assim a Austria, pela reforma constitucional de 1920, distribuiu as funções legislativas por tres conselhos, o **Nacional,** o dos **Países** e o das **Profissões,** compondo-se este ultimo de representantes dos agrupamentos profissionais do povo da Confederação.

Na Hungria a Camara Alta da Dieta é uma representação mixta dos **municipios e** dos **organismos** e **instituições,** entre as quais se compreendem as camaras de agricultura, do comercio e das industrias, dos advogados, notarios, engenheiros, academicas e uni versitarias, etc.

O Senado da Grecia, num total de 120 senadores, tem 18 eleitos pelas camaras de comercio e da industria, da agricultura, do trabalho, de artesanato, da ciencia, artes e literatura. A nova Constituição de Portugal creou uma **camara corporativa de representantes dos interesses sociais, considerados estes nos seus ramos fundamentais de ordem administrativa, moral, cultural e economica, designando a lei aqueles a quem incumbe tal representação ou o modo como serão escolhidos e a duração do seu mandato.**

Cifra-se, porém, a sua competencia em **relatar e dar parecer por escrito sobre todas as propostas ou projetos de lei que forem presentes á assembléa nacional, antes de ser nesta iniciada a discussão.** A Constituição Espanhola de 1876 prescrevia a eleição de um certo numero de senadores pelas corporações do Estado e maiores contribuintes; mas a Constituição republicana de 1931, abolindo o Senado, limitou-se a declarar, de modo vago, que **uma lei especial regulará a creação e o funcionamento dos organs necessarios e de ordenação economica da administração, do Governo e das Côrtes.** O pouco que tem avançado o direito publico europeu nos dominios da **democracia social,** de que são aberrações o corporativismo fascista e o socialismo sovietico, bem demonstra quão dificil se apresenta inserir nos quadros do sistema representativo as formas tão varias e complicadas da estrutura social. Faltam-nos ainda formulas definitivas, e tudo quanto ha não passa de timidas experiencias, vacilações e tateios. A dualidade de camaras, uma **politica**, outra **economica**, é a formula mais geral e quiçá mais consentanea com a extrema diferenciação dos interesses: **assem-sembléa politica, organisada segundo o principio democratico; assembléa representativa, organisada segundo o principio corporativista**. Todavia a preponderancia da assembléa politica é tão necessaria, como a da soberania popular sobre as corporações, cujos interesses parciais devem estar subordinados ao **interesse geral**. Posta a questão nesses termos, nada mais facil que a transformação do antigo senado brasileiro em um **senado corporativo,** quando o país estiver convenientemente preparado, com as suas classes e profissões organisadas dentro da lei e com personalidade juridica de direito publico.

A educação — Como em todas as constituições, limitei-me a consignar as generalidades que hão de servir de bases á legislação organica do ensino. Em um país de analfabetos, como o nosso, e onde a iniciativa particular é uma falha sensivel, só o Estado pode desempenhar a missão de instruir e de difundir o ensino por todo o territorio nacional. Considera-se, com razão, a escola primaria como um complemento da familia, substituindo-a na formação moral e intelectual da infancia. Era, portanto, mais natural que os pais de familia, a quem não minguassem os recursos necessarios, fundassem e mantivessem as escolas para os seus filhos, permitindo que as escolas publicas fossem reservadas á frequencia das crianças pobres. Entretanto o inverso parece ser a regra, que traz prejuizo aos mais necessitados, porque as escolas são em numero limitado em toda a parte e nunca estão na devida proporcionalidade com o censo infantil de cada municipio ou distrito. Por outro lado a administração publica é obrigada a dispender com esse serviço menos do que devia, porque são cada vez mais complexos e pesados os encargos a que tem de satisfazer. A' exceção de comunidades religiosas e fundações, concorrendo para a instrução elementar, não ha mais o que ateste a iniciativa individual ou social, em materia de ensino.

No que concerne ao ensino médio ainda se vêm, paralelamente aos institutos oficiais, os ginasios mantidos por ordens religiosas e congregações leigas. Não assim quanto ao ensino superior, hoje totalmente oficialisado, não tendo siquer logrado escapar á ação absorvente do Estado o ensino livre no Rio Grande do Sul, que fôra, durante a primeira Republica, uma exemplificação admiravel do esforço humano. E' que, entre nós, nos vem a faltar, o que ha de sobejo nos Estados Unidos: lá as Universidades Livres possuem uma riqueza fabulosa, para cuja formação contribue, á larga, a munificencia dos magnatas da industria e da finança. Dentre 56 universidades, ricas e livres, são dignas de especial menção a da Columbia, com uma frequencia superior a 30 mil alunos, e a de Harvard com uma dotação de 108 milhões de dolares! Aqui sem o amparo do erario publico estiolam-se e fenecem as melhores tentativas da ação privada. Assim só o Estado pode organizar e manter a docencia no Brasil.

O trabalho — Eis a questão social no seu aspecto mais impressionante: melhorar a sorte do trabalhador, e resolver os conflitos entre o capital e o trabalho. O Congresso de Versalhes, em 1919, dedicou-lhe acurada atenção, discutindo-a com profundeza, e assentando as bases sobre as quais deveria repousar a legislação universal. As constituições posteriores, influenciadas, em grãos diversos, pelas doutrinas socialistas, as consignaram com os desenvolvimentos e variantes apropriados a cada país. "As novas constituições têm sido redigidas em uma época em que nenhum partido politico pode mais ignorar a questão social. No seculo XX, o sentido social do direito não é mais uma doutrina, não é mais uma escola juridica, é a propria vida.

Tambem não é mais possivel distinguir entre o individuo politico e o individuo social; assistimos á transformação, não somente da teoria geral do Estado, mas tambem da doutrina dos direitos individuais. O Estado não pode mais limitar-se a reconhecer a independencia juridica do individuo, deve crear um minimo de condições necessarias para assegurar a sua independencia social." (1)

A Constituição do Mexico, porém, é a que, com alguma antecedencia, melhor legislou a respeito, e tão completamente, que não me restava outra coisa a fazer senão trasladar os seus dispositivos integralmente, sem mesmo alterar-lhes a redação.

Alguns deles já se acham integrados na legislação brasileira, que deve acompanhar a evolução geral através dos trabalhos anuais

(1) M. Guetzévitch — Les Constitutions de L'Europe Nouvelle, pag. 35.

do **Bureau Internacional,** instalado em Genebra pela Liga das Nações. De certo que não basta fixar na constituição os principios. A regulamentação do trabalho é uma necessidade, e deve ser o objeto de uma codificação para a qual não escasseiam subsidios valiosos, dentro e fóra do país.

A propriedade — Esta não é mais o **jus utendi et abutendi** dos romanos, nem tampouco o direito **sagrado e inviolavel** da revolução francêsa de 1789; continúa a ser um direito individual e subjetivo, mas é, ao mesmo tempo, uma **função social;** e, neste sentido objetivo, o seu exercicio está subordinado ás normas e restrições que o Estado lhe prescrever, em nome do interesse publico. Assim a definem as modernas constituições, que vão até ao ponto de admitir a desapropriação **sem indenisação** (Const. da Alemanha, Tcheco-Slovaquia e Espanha.) O conceito da **utilidade publica,** fundamento da desapropriação, tem agora outra latitude, não significando somente, como dantes, a utilidade de obras publicas e melhoramentos materiais, mas tambem o de **utilidade social** e **socialisação** de serviços publicos e explorações industriais. O matiz socialista da Constituição Espanhola revela-se fortemente nas alineas do art. 44: "A propriedade de toda classe de bens poderá ser objeto de expropriação forçada, por causa de utilidade social, mediante adequada indenização, **a menos que disponha outra coisa uma lei aprovada pelos votos da maioria absoluta das Côrtes**. Com os mesmos requisitos, a propriedade poderá ser **socialisada**.

Os serviços publicos e as explorações que afetem o interesse comum, podem ser nacionalisados nos casos em que a necessidade social o exija. O Estado poderá intervir, por lei, na exploração economica de industrias e empresas, quando assim exigirem a racionalisação da produção e os interesses da economia nacional.

Em nenhum caso impor-se-á a pena de confisco de bens".

Assimilando embora esses e outros preceitos da constituição alemã, não fui tão longe até permitir a desapropriação não indenisada, que equivale ao confisco e é a negação absoluta do direito de propriedade. Em todos os casos declarei obrigatoria a indenisação, em reconhecimento ao direito individual e para justa compensação da sua perda. Não param aí, porém, as restrições usuais ao dominio privado. O seu uso ou exercicio está igualmente condicionado ás conveniencias da coletividade, a juizo do Estado. A ordem social é a coexistencia estavel de todos os direitos, que não podem ser absolutos, porque seriam então anti-sociais. A propriedade, como a propria liberdade sofrem necessariamente as limitações que a vida social impõe, em todas as suas manifestações. As posturas municipais, as ordenanças de policia, a defesa sanitaria, a regulamentação do comercio e das industrias, tudo enfim está subordinado a condições e sanções. E' que o primado do **direito social** vem se afirmando dia a dia no seio das sociedades cultas, e nas relações entre governantes e governados.

A economia nacional — E' onde o poder coordenador do Estado e a **socialização** atingem o maximo da sua objetividade. O parcelamento forçado do solo, a organização agricola, a administração direta de serviços publicos e emprezas, o contrôle de industrias, costumam ser as formas que revestem a intervenção do Estado na trama da economia nacional. Mas a lei é que ha de declarar os casos e os requisitos que devem regular aquela intervenção, salvaguardados os direitos dos interessados, mediante a indenização que deve sempre preceder ou acompanhar as desapropriações. O Estado socialista, nas suas cambiantes, acusa a tendencia uniforme para organizar a economia social. "Os Estados que se transformaram depois da guerra, mantidas as conquistas politicas, **tendem para a concentração economica, vão deixando de ser uma organisação politica, dirigida pelo Estado, para ser uma organisação corporativa de produção concentrada, dirigida pelo Estado, afim de suprir ás necessidades economicas das massas, sobre as quais se firma o proprio Estado, como orgão maximo do desenvolvimento cultural e economico**. Tendo, como fim, o suprimento e a cultura geral. Como metodo, a **racionalização.**" (1) Em um Estado livre essas finalidades terão que assentar no justo equilibrio entre o direito individual e o social. Foi o que tive em mira.

Os direitos dos nacionais — São os mesmos da Constituição de 1891, com a unica inovação relativa á dupla nacionalidade. Esse principio liberal, já incorporado á legislação de varios países, tende a generalizar-se no continente americano cujo povoamento depende das correntes imigratorias vindas do velho mundo. Para atrai-las não basta que se lhes acene com a igualdade dos direitos civis, senão tambem que se lhes facilite a

(1) Nicanor Nascimento — Diretivas Constitucionais, pag. 130

aquisição dos direitos politicos. Uma dessas facilidades consiste sem duvida em facultar a naturalização, sem a perda da nacionalidade de origem. A Russia sovietica nem siquer exige a naturalização para conceder os direitos politicos aos estrangeiros. O que levou Hans Kelsen a dizer que "a mais recente evolução constitucional mostra que o vinculo entre os direitos politicos e a nacionalidade nada tem de necessario." (1)

A Constituição Espanhola dispõe taxativamente:

"Sobre a base de uma reciprocidade internacional efetiva e mediante os requisitos e tramites que fixará uma lei, se concederá cidadania aos naturais de Portugal e países hispanicos da America, compreendido o Brasil, quando assim o solicitem e residam em territorio espanhol, sem que percam nem modifiquem a sua cidadania de origem.

Nestes mesmos países, si as suas leis não o proibem, **ainda quando não reconheçam o direito de reciprocidade,** poderão naturalizar-se os espanhoes sem perder a sua nacionalidade de origem (art. 24)."

---

(1) La democratie, pag. 17.

SEGUNDA PARTE

Forma federativa — Este titulo conserva quasi todas as **disposições preliminares** da Constituição de 1891, com algumas emendas da sub-comissão oficial, que redigiu o projeto da nova Constituição, e os complementos que se faziam necessarios com relação á partilha das competencias. Superfluo senão fastidioso seria reeditar os vulgarizados comentarios áquela Constituição, assim como repetir os fundamentos das emendas da sub-comissão, cujos debates constam de atas dadas á publicidade na imprensa. Restringir-me-ei, pois, a uma sumaria apreciação dos novos aspectos da nossa construção federativa. Nenhum partido, ninguem mais no nosso país pensa em discutir ou negar essa instituição, que é uma resultante de fatalidades de ordem historica, geografica e economica, além de ser tambem a melhor das garantias da unidade nacional.

Mas, si a federação é um fenomeno da nossa evolução politica, não ha, entretanto, como encobrir-lhe as falhas e corrutelas que a vieram deformando no curso do seu desenvolvimento. Fomos pedir aos Estados Unidos o molde do regime federal, que instituimos, mas o que não conseguimos foi imita-los na perfeição com que lá o praticam. Profundas são as diferenças existentes entre o federalismo da America inglêsa e o da America latina, como observa Mirkine-Guetzévitch, que as atribue a varias causas e, principalmente, ás seguintes: "O regime presidencial dos Estados Unidos, segundo a idéa de seus creadores, devia achar um contrapeso no sistema federal. Na America latina, si bem que o poder presidencial seja muito mais forte que no Norte, o federalismo não é tão pronunciado como nos Estados Unidos. Por conseguinte o regime presidencial da America latina contribue para o enfraquecimento do sistema federal. Já tivemos ocasião de indicar um meio poderoso de destruir o federalismo. Ele consiste **na intervenção federal,** que estabelece uma ditadura presidencial, com o poder de prender e expulsar toda a pessôa sem a intervenção do poder judiciario.

....

A justiça constitucional não póde jamais na America latina tornar-se um fator poderoso do regime federal, como nos Estados Unidos. Os elementos do centralismo nos Estados Unidos são os juizes conservadores, hostis ás reformas ousadas, penetrados da tradição centralista. Na America latina, ao contrario, é o presidente da Republica que é o elemento mais poderoso do centralismo, e esta diferença nos fatores explica toda a divergencia da pratica do federalismo. **Intervenções, proclamações do estado de sitio, tudo isto é completamente desconhecido nos Estados Unidos, e mesmo inconcebivel."** (1)

Esse mesmo publicista, uma pagina atrás, já havia feito estas afirmações: "O federalismo da America latina não é baseado sobre o principio nacional. E' um federalismo **tecnico** estabelecido em vista de facilitar as tarefas administrativa e legislativa, assim como a vida economica; é um federalismo **racionalisado** que não apresenta nenhum perigo para a unidade nacional. Mas, não ten-

(1) Les Constitutions des Nations Americaines, pags. CXXXIX, CXLI.

do educação politica nem opinião publica verdadeira, os povos da America làtina não têm compreendido a significação politica do regime federal."

Na America inglêsa a educação politica já existia, quando ela emancipou-se da Inglaterra. A esse tempo as suas antigas colonias viviam como verdadeiras democracias, na posse do auto-governo, e, confederando-se no ato da independencia, cada uma delas conservava a plenitude da sua soberania. Depois, para apertarem os laços da união mediante um governo comum, evoluiram da confederação para a federação-presidencialista da Constituição de 1787.

A autonomia das provincias brasileiras era uma tendencia historica, que chegára a identificar-se com o proprio sentimento da independencia nacional, irrompendo com veemencia, durante o primeiro imperio, até lograr em 1834, pelo Ato Adicional á Constituição, um certo numero de franquias locais. Não tardou muito, porém, que a reação **conservadora** mutilasse esse regime, sujeitando de novo as provincias a uma ferrenha centralisação, que haveria de prolongar-se por toda a duração do segundo reinado. E dess'arte, por meio seculo, viveram as provincias, constringidas e enervadas, sob o jugo dos proconsules que lhes impunha o governo imperial. Na constancia desse regime, era rudimentar a ação democratica, viciosa a educação politica, precaria a instrução civica. Tudo dependia do centro, e razão tinha Silva Jardim, quando asseverava que o Rio de Janeiro monopolisava a vida nacional.

Esse o **meio** politico em que haveria de medrar a federação brasileira, proclamada conjuntamente com a Republica, em 1889. Faltara-lhe aquela **educação politica,** e aquela **opinião publica,** a cuja inexistencia nos povos latino-americanos atribuia o escritor francês a incompreensão do federalismo.

A' exceção de três Estados, S. Paulo, Minas e Rio Grande do Sul, economicamente fortes e politicamente bem organisados, os outros careciam de vitalidade capaz de subtrai-los á influencia e á pressão do centro. livrando-os de intervenções indebitas nos negocios da sua competencia privativa e economia intima.

Graças á debilidade da maior parte deles, os atentados á respectiva autonomia cêdo começaram e, inveterando-se sob todas as formas e disfarces, vieram se transformando em **realidades** corrutoras do regime. Gerou-se logo a profunda crise que convulsionou a Republica na sua infancia. O golpe de Estado de 3 de novembro de 1891 trouxe, entre outras consequencias funestas, a subversão da legalidade nos Estados, onde a violencia abatêra os governos constituidos, substituindo-os por outros de fato, tumultuariamente estabelecidos. Referindo-se a esse periodo sombrio, eis como o retratou um brilhante historiador patrio: "As situações estadoais iam sendo revolvidas por um sopro de agitação que tinha alguma coisa de anarquico. Sucediam-se, umas em seguida a outras, tornando-se um quasi espetaculo comum, as deposições de governadores, que se consumavam a pretexto de haverem apoiado o golpe de Estado. Os que os substituiam, dissolviam as assembléas legislativas e os tribunais judiciarios, e apeiavam todas as autoridades, para substitui-las por outras de suas facções locais. Em janeiro, somente permaneciam de pé os governadores de S. Paulo e Baía. Todas as demais unidades tinham á sua frente novos governantes. A situação que subia era em toda a parte, invariavelmente, adversa á que anteriormente ocupava o poder. Rui Barbosa definia nestes termos, em manifesto que então publicára, a situação que assim se formava: "De uma ditadura que dissolve o Congresso Federal, apoiando-se na fraqueza dos governos locais, para outra, que dissolve os governos locais, apoiando-se no Congresso restabelecido, não ha progresso apreciavel." Não ha erro algum na afirmação de que desse golpe, e das transformações perturbadoras que ele ocasionou, resultaram todos os males e todos os danos que deveriam constituir a pesada herança legada ao futuro do Brasil republicano." (Sertorio de Castro — A Republica que a revolução destruiu, pags. 84-85.)

As presidencias civis que se sucederam até 1910, mantendo o país na ordem material e juridica, cumprindo e fazendo cumprir a Constituição, com louvavel inteireza, favoreceram a expansão do principio federativo, e os Estados puderam então governar-se pacificamente, adestrando-se no manejo diuturno de seus interesses privativos. Em fins daquele ano, porém, haveriam de recomeçar as ameaças de subversão, que em seguida reabriram o periodo de violencias e arbitrariedades, conhecidas na historia sob o epiteto de — **salvações,** como por eufemismo apelidaram-nas aqueles que eram os autores e atores desse sinistro drama, que assinalou a presidencia militar.

Governadores eram depostos ou impostos pela força, e os assaltos ao poder generalisaram-se na maioria dos Estados.

Tanto era o furor dos **salvadores** que nem mesmo se detinham á perspectiva horrenda dos bombardeios a cidades como as de Manaus e S. Salvador da Baía!

Mas nem só esses acontecimentos extraordinarios e maleficos puderam combalir e infeccionar o organismo da federação.

A mesma intervenção legal, como a facultava o art. 6.º da Constituição, era uma arma temivel, pairando impendente sobre a autonomia dos Estados, aos quais não restava meio algum de defesa, fóra da resistencia material, contra abusos e injustiças que os poderes federais viessem a cometer. A intervenção federal, que exercitou-se algumas vezes, a pretexto de artificiosas dualidades de governadores e assembléas, nem sempre fôra isenta da eiva das paixões e dos interesses facciosos.

E, si buscavam os Estados o remedio judiciario, este ou lhes era negado, ou sofismado, senão anulado pelo executivo federal! Entretanto a justiça constitucional era uma creação do estatuto de 1891, e da sua competencia não estavam excluidos os direitos politicos e os conflitos de poderes.

Tanto era assim que a reforma reacionaria de 1926, querendo extinguir essa competencia, houve de declarar taxativamente: **Nenhum recurso é permitido, para a justiça federal ou local, contra a intervenção nos Estados, a declaração do estado de sitio, e a verificação de poderes, o reconhecimento, a posse, a legitimidade e a perda de mandato dos membros do poder legislativo ou executivo, federal ou estadoal; assim como, na vigencia do estado de sitio, não poderão os tribunais conhecer dos atos praticados em virtude dele pelo poder legislativo ou executivo**. (Const. art. 60 § 5.º).

No sistema americano, ao contrario, não ha limitações ao contrôle judiciario; a sua justiça federal não só tem o direito de **vetar** qualquer lei reputada inconstitucional, como ainda o de apreciar a **oportunidade** da lei. Como reflexiona M. Guetzévitch, "os tribunais, tendo qualidade para se pronunciarem sobre a oportunidade das leis, saem do terreno puramente juridico e tornam-se uma instituição **politica**; eles constituem uma especie de **terceira camara** muito mais poderosa que as duas outras; o **véto** judiciario não pode certamente crear uma lei, mas possue a faculdade onipotente de paralisar a eficacia de toda a legislação por uma recusa de aplicação." (1)

Aí está o centro de gravidade do sistema americano, e o segredo da estabilidade e equilibrio daquela grande federação.

O contraste chocante entre o federalismo americano e o brasileiro é um fato que nos impõe a necessidade suprema de corrigir defeitos tecnicos, no que se refere á intervenção federal, e de reintegrar o poder judiciario no ról a que o destinaram os fundadores do regime.

Outra fonte do mal é facil descobrir na criticada formula — **politica dos governadores** —, que o presidente Campos Sales inaugurára. Ela queria dizer praticamente que o presidente e os governadores, de comum acôrdo, fariam a politica, apoiando-se reciprocamente e trocando favores. Mas, como o presidente era o mais forte e dispunha de uma poderosa maquina eleitoral — o funcionalismo federal, cujos quadros se alargavam constantemente, a consequencia inevitavel foi que ele passou a exercer uma influencia decisiva sobre os governos locais e sobre os seus prepostos no Congresso Nacional, ditando-lhes as normas de ação. Não haven-

(1) Les Constitutions des Natitions Americaines, pag. CXXVI.

do partidos nacionais, agia o presidente livremente, sem freios que contivessem os excessos do seu poder. E dess'arte intervinha ele não só na escolha dos legisladores federais, como até na sucessão dos governos locais.

A que ficava então reduzida a autonomia do Estado? A um mero simulacro, em meio de realidades que só refletiam as marcas da onipotencia presidencial.

A partilha das competencias envolve uma outra questão visceral, no regime federativo. A Constituição de 1891 se limitára a regular a competencia tributaria dos Estados, e a facultar-lhes todo e qualquer poder ou direito, que lhes não fôsse negado por clausula expressa ou implicitamente contida nas clausulas expressas da Constituição (arts. 9.º a 13, 65.) Não havia uma definição precisa da competencia legislativa e administrativa dos Estados, e tão somente a vaga declaração de que podiam eles fazer o que lhes não fosse negado expressa ou implicitamente pela Constituição. Que é o que lhes negava a Constituição?

Tudo o que se compreendia na competencia da União, e era a totalidade da vida nacional. O art. 34 não dava margem a nenhuma duvida, enumerando bem claramente as atribuições **privativas** do Congresso Nacional, abrangendo o direito em todos os seus ramos, excetuado apenas o processual da justiça estadoal, o comercio interior e exterior, a navegação interior e os portos, a viação-ferrea, etc. E, no maximo, só era licito aos Estados, em concorrencia com a União, animar o desenvolvimento das letras, artes e ciencias, bem como a imigração, agricultura, industria e comercio (art. 35). Mas essa mesma possibilidade estava condicionada ao consentimento dos poderes federais, cuja supremacia, em todas as hipoteses, podia chegar ao ponto de inhibir ou frustrar as faculdades concedidas aos Estados. Não tinham estes outra capacidade senão a de decretar as suas leis organicas e regulamentos administrativos, e não lhes ficava poder para a livre ordenação juridica e economica de suas necessidades e interesses particulares. Um fato ilustrativo serve para patentear o que de mau havia nessa absoluta unidade legislativa. Até hoje é uma lacuna sensivel á lavoura e á pecuaria a inexistencia de uma legislação especial, que lhes proteja os interesses contra a insegurança e uma infinidade de riscos e contingencias. Em vão clamava-se por um Codigo Rural, um Codigo de Aguas, etc. Os Estados interessados não podiam legislar a respeito, porque as materias são de direito substantivo e, por isso, pertinentes á exclusiva competencia do Congresso Nacional. Este, a seu turno, nada fazia, a despeito de algumas tentativas meritorias, por meio de proposições que ainda jazem esquecidas sob a poeira dos arquivos.

Depois, quando fosse decretada essa codificação, ressentir-se-ia a mesma de um mal congenito — o da uniformidade, onde só existem variedades geo-fisicas, e diversidade de costumes e produção.

As condições da industria pastoril não são as mesmas no sul, centro e norte do Brasil, variando em toda a parte os metodos de criação e os processos da exploração. Maiores ainda são as diferenças na produção agricola e nos trabalhos culturais, a ponto de se caracterizarem as regiões por certos aspectos inconfundiveis.

Ha tambem serviços publicos, como viação, portos, e outros, que mais interessam aos Estados do que á União, e, todavia, estavam fóra da competencia administrativa daqueles. Diante dessa perspectiva, não se compreende que ao Estado seja defeso regular juridicamente a sua ordem economica, subordinada esta embora ao contrôle federal, cuja virtualidade seria bastante para coibir excessos e abusos da parte dos poderes locais.

Dentre as constituições modernas é a da Alemanha a que resolveu melhor a questão das competencias, no regime federativo.

Depois de enumerar os casos da privativa competencia da União, essa constituição, em tudo o mais, admite a competencia cumulativa daquela e das suas unidades federativas, mas acrescenta, em seguida, que o Direito da União sobreleva ao Direito dos Estados. Seguí esse sistema harmonioso, de cujas normas apropriei-me quasi sem discrepancia. As objeções que a critica poderá opôr-lhe parece que serão, na pratica, de facil solução. Senão, vejamos. Si o Estado não ultrapassar a orbita de sua jurisdição, no ato de regulamentar os seus negocios privativos, a União não terá que fazer, porque lhe faltará interesse e razão para intervir. Mas a lei estadoal pode não interessar só ao Estado, e, exorbitando, envolver e ferir interesses gerais da nação: é então o caso de exercitar a União a sua faculdade legislativa, ou exercer a sua ação perante o Supremo Tribunal Federal para o fim de obter a anulação, parcial ou total, da dita lei. Pode, ao contrario, acontecer que a lei do Estado não atente contra o direito e os interesses da União, e esta, não obstante, a tenha declarado insubsistente. Licito será ao Estado, nesse caso, suscitar um conflito perante o Supremo Tribunal Federal, que decidirá soberanamente, como fôr justo e mais acorde com o espirito da Constituição.

Assim, segundo o sistema alemão, é a justiça federal, pelo seu orgam supremo, o poder incumbido de regular o equilibrio dos poderes da União e dos Estados, mediante o pragmatismo de uma jurisprudencia em continuo desenvolvimento.

Regime presidencial — Si o regime parlamentar não mais convem ao Brasil, que o aboliu com o advento da Republica, tambem não me parece que se deva manter o regime presidencial no molde que lhe traçára a Constituição de 24 de Fevereiro de 1891. A esse respeito está formada a opinião geral de que é necessaria uma reforma constitucional, que ponha termo aos erros e males cometidos durante quasi meio seculo de vida republicana. A nossa Constituição, entretanto, não fizera mais do que reproduzir servilmente o tipo do presidencialismo praticado no continente americano. Assim convem primeiro investigar como funciona essa forma de governo nos outros países, afim de verificar-se si os seus vicios são intrinsecos e comuns, ou apenas extrinsecos e restritos ao nosso país. Em seu admiravel "Ensaio Sintetico sobre as Constituições das Nações Americanas", Mirkine-Guetzévitch analisou, com alta insuspeição e proficiencia, o regime presidencial nos Estados Unidos e na America Latina. As suas asserções fundam-se nos textos e nos fatos, e o seu estudo por isso nos ministra preciosos ensinamentos, que buscarei condensar em varios excertos.

"O presidente dos Estados Unidos detem todos os poderes do Estado. Apezar das precauções tomadas, em teoria, pelos autores do "Federalista", contra a onipotencia do presidente, pela introdução do sistema da separação dos poderes, o ról do presidente é decisivo não somente no dominio do executivo, mas igualmente no da legislação. A preponderancia do presidente se manifesta, fóra de suas prerogativas poderosas no dominio do executivo, pelo ról importante que ele goza em materia legislativa.

Este ról é de primeira ordem; a sua ação legislativa se faz sentir em dois ramos:

1.º — na pressão que ele póde exercer sobre as camaras pela livre nomeação dos funcionarios federais, cujo numero é formidavel;

2.º — no seu direito de véto aos projetos legislativos.

A aplicação do regime presidencial na America latina tem favorecido o estabelecimento dos governos ditatoriais. Mas nos Estados Unidos, apezar do enorme poder concentrado entre as mãos do Presidente, a marcha normal da Constituição não foi nunca entravada. A presença de **partidos disciplinados**, o nivel da **opinião publica**, a **educação politica** dos cidadãos, são garantias que não estão inscritas no texto da Constituição, mas, que representam a verdadeira base da democracia. Eis porque o regime presidencial, tal como nós o temos exposto, estando em completa contradição com as idéas constitucionais européas, mórmente com as idéas constitucionais francêsas, funciona normalmente nos Estados Unidos, onde a maioria do povo tem sincero apêgo ás instituições e ás idéas politicas de seu país.

O tipo presidencial dos Estados Unidos tem sofrido na America latina algumas modificações na ordem da importancia crescente dos elementos de parlamentarismo, podendo-se estabelecer a classificação seguinte entre as formas constitucionais dos Estados americanos: 1 — **regime presidencial puro** (Estados Unidos e maioria dos Estados da America latina); 2 — **regime presidencial com o direito dos ministros de assistirem ás sessões do Parlamento** (Argentina, Chile e Paraguai); 3 — **regime presidencial com direito para o Parlamento de inflingir um voto de censura aos ministros, não implicando, todavia, esse voto a obrigação para os ministros de se demitirem** (Bolivia, Venezuéla); 4 — **regime presidencial em que o Parlamento póde exprimir contra o ministerio um voto de desconfiança que possua, a respeito do Gabinete, uma significação obrigatoria: a imediata demissão do ministerio** (Equador); 5 — **si o sistêma em vigor no Equador apresenta um amalgama do regime presidencial e do regime parlamentar, a Constituição da Republica de Honduras estabelece um regime parlamentar, com a unica exceção de que o ministerio, politicamente responsavel perante a Camara, não pode ser escolhido entre os seus membros**; 6 — **Com o Canadá e Terra Nova, chegamos ao regime parlamentar do tipo inglês**.

O regime presidencial elaborado e desenvolvido na pratica dos Estados Unidos, uma vez transportado para o solo ardente da America latina, tem creado aí uma realidade constitucional inteiramente diferente da dos Estados Unidos. E isto não somente porque as formas constitucionais do regime presidencial da America latina favorecem muito mais o estabelecimento do poder pessoal do Presidente (que de resto goza, em virtude da Constituição mesma da temivel prerogativa de suspender as garantias constitucionais), mas, o que é muito mais grave, porque nos Estados Unidos ha certos elementos particulares de estabilidade politica, entre os quais convem mencionar em primeiro logar esta grande força conservadora que é a **Common Law**. A despeito do seu arcaismo e mesmo por vezes de seu carater anti-social, este direito vetusto goza o ról de um elemento de estabilidade. Doutra parte, existe nos Estados Unidos uma opinião publica desenvolvida. Todos estes elementos fazem falta na America latina onde o Presidente possue, em resumo, os mesmos direitos e os mesmos privilegios que o dos Estados Unidos. Esta constatação nos permite entrever uma das causas fundamentais das epidemias ditatoriais que flagelam a America latina. Os mesmos privilegios que em Nova-York instituem o regime presidencial devem em um país de temperamento politico ardente, de população mestiça, cuja maioria é formada por mestiços, sem instrução nem tradições politicas, onde a opinião publica é inexistente e substituida pela luta dos individuos e dos interesses pessoais, favorecer o estabelecimento da ditadura. Mas os presidentes na America latina, fóra das prerogativas pertencentes ao presidente dos Estados Unidos, usam dos meios especiais proprios ao regime presidencial da America latina. Eles têm, com efeito, o direito de proclamar o estado de sitio e a suspensão das garantias constitucionais. Ora, suspender estas garantias, é dar-lhe o direito de exilar e expulsar todo o cidadão considerado indesejavel, sem intervenção do poder judiciario, fóra mesmo de toda incriminação. O estado de sitio permite ao presidente deter e banir do territorio da Republica duma maneira discrecionaria.

Nestas condições uma vingança politica pode produzir hecatombes na America latina. A prova tem sido feita muitas vezes. As Constituições da America latina contêm assim a clausula da **ditadura legal**. O presidente é um sóberano; seu poder é absoluto. E' preciso verdadeiramente possuir qualidades excepcionais para conservar-se nos limites amplos desta ditadura legal, sem entrar na via da ditadura extra-legal. A transição, aliás, se opera quasi insensivelmente." (1)

A realidade constitucional brasileira, longe de infirmar, servia, contrariamente, para reforçar as conclusões a que chegára, em seu estudo, o insigne constitucionalista francês. O Brasil não constituia uma exceção no mapa politico sul-americano. O seu presidencialismo, sem freios nem contrapesos eficientes, já em seus primeiros dias, degenerára em um regime de governo unipessoal e ditatorial. Ninguem, que examine sem preconceito o passado nacional, deixará de reconhecer quanto contribuiu essa degenerescencia progressiva do governo presidencial para os erros e crises, que vêm atormentando a Republica durante os seus 44 anos de existencia, a mór parte deles transcorridos sob ditaduras **legais** e **extra-legais**. Raros quadrienios presidenciais lograram isentar-se das ações e reações violentas do autoritarismo e da rebeldia. Em 1891 um golpe de Estado dissolvia, pela força, o Congresso Nacional, suspendia as garantias constitucionais e prendia os congressistas. Vinte dias após renunciava ao poder o ditador, cedendo á intimação de um dos chefes da esqua-

(1) M. Guetzévitch — Les Constitutions des Nations Americaines, pags. XXXIII, XLIII, LXXXII, LXXXIII, LXXXIX, XCIV, XCV, XCVI.

dra revoltada. Assumia o governo da Republica o vice-presidente, restaurando incontinente a Constituição e convocando o Congresso, mas não impedindo que se consumasse a deposição geral dos governos dos Estados, cuja ordem constitucional era de todo subvertida nos seus fundamentos.

Essa agitação revolucionaria e o proposito do vice-presidente de manter-se, no exercicio do cargo, até o fim do quadrienio, não realisando a eleição reclamada de novo presidente, determinaram, dentro e fóra do Congresso, uma oposição veemente, que ocasionou, em 1892, a revolta de duas fortalezas, a representação coletiva de treze generais, arruaças, tudo na Capital Federal.

Seguiram-se medidas extremas e ilegais: a reforma compulsoria dos generais e a de oficiais superiores, a prisão de congressistas, jornalistas, outras personalidades, e o desterro de todos eles para inhospitas paragens nas lindes setentrionais do Brasil.

Subsistia, entretanto, o fermento revolucionario, quando desencadeou-se, em fevereiro de 1893, no Rio Grande do Sul, a revolução **federalista,** cujo alvo proximo era a posse do Estado e a reforma da sua Constituição. Exaltou-se, na Capital Federal, o oposicionismo com o novo pretexto e incentivo da revolução rio-grandense, e em 6 de setembro do mesmo ano sublevava-se toda a esquadra, logrando pouco depois instalar um governo provisorio em Sta. Catarina. Venceu afinal a legalidade, mas o periodo presidencial foi de guerra civil e governo militar.

O segundo presidente, sob o fundamento de restaurar a ordem juridica, excedeu-se na sua politica reacionaria e provocou conspirações e tentativas revolucionarias, cujo desfecho acabaria no assassinato do ministro da guerra e no desterro de membros do Congresso Nacional e oficiais do exercito, enquanto durasse o estado de sitio proclamado. Coube ao terceiro presidente a benemerencia de restaurar as finanças e o credito da nação, mas incidira no funesto êrro de inaugurar — a politica dos governadores —, pratica que tanto contribuiu para o falseamento do sistema representativo e desprestigio do voto popular, pelo arbitrio oficial no reconhecimento dos diplomas de deputados e senadores federais. O quadrienio 1892-1896, que notabilisou-se pelo saneamento e embelezamento da cidade do Rio de Janeiro, não eximiu-se, todavia, de motins populares e sublevações militares.

No periodo seguinte a tentativa feita

pelo presidente de impôr o seu sucessor fez nascer e triunfar uma candidatura militar. A presidencia marechalicia caracterisou-se por varios episodios e agitações que logo haviam de a funestar: revolta de navios da armada, golpes de força e deposição dos governos em todos os Estados do Norte, intervenção federal, etc., acontecimentos que o eufemismo politico crismou de — **salvações,** e assim são conhecidos na historia.

Seguiram-se dois quadrienios de paz e de governo normal, e assim mesmo iminente estivera, em 1922, uma sublevação militar, abortada talvez em consequencia do malogro da revolta do forte de Copacabana. Entre apreensões e perspectivas sombrias inaugurára-se a presidencia 1922-1926, durante a qual irromperam movimentos subversivos em dois Estados, e mais tarde revoltas militares em S. Paulo e Rio Grande do Sul. Fôra esse periodo, na mór parte, uma ditadura legal, que o prolongado estado de sitio estabelecia necessariamente. Finalmente sobreveio em 1930 a revolução triunfante, tendo por causa proxima o erro fatal do presidente, impondo para seu sucessor um candidato, contra o véto da opinião nacional.

Depois deste golpe de vista retrospectivo sobre a pratica do presidencialismo, entre nós, é forçoso concluir que a independencia dos poderes politicos não passava de mera ficção constitucional, e que só a vontade do presidente predominava sem contraste, quer na esfera do executivo, de que era o chefe, quer na esféra privativa do legislativo, pela ascendencia politica que exercia sobre os membros do Congresso Nacional.

Duma parte os textos constitucionais, e doutra a carencia de contrôle, que só os grandes partidos e uma opinião publica consistente poderiam exercer, propiciaram o fenomeno da hipertrofia do poder presidencial. O fato da inexistencia de partidos nacionais e de uma opinião publica, no Brasil, creou um ambiente assas favoravel ao governo pessoal, que o presidente podia exercer livremente e com relativa facilidade, sem mesmo possuir dotes e habilidades excepcionaes.

A supremacia do poder executivo sobre o legislativo, e a intervenção legal e extralegal do presidente nos negocios politicos dos Estados, acarretaram desequilibrios no ritmo funcional das instituições, contribuindo para alimentar o espirito de indisciplina e de revolta, que, latente sempre, vinha se manifestando, com frequencia, em explosões esporadicas. O nosso elemento historico é, pois, adverso ao presidencialismo puro do modelo americano. Será então forçoso abandona-lo e voltar ao parlamentarismo? Não. O regime parlamentar, que a experiencia do passado condemnára, seria a preponderancia do poder legislativo sobre o executivo, com a consequente instabilidade ministerial. Haveria apenas uma inversão na ordem dos fatores com o mesmo resultado negativo, porquanto perduraria o mal resultante do desarranjo no mecanismo politico. Que é, nesse caso, o que mais pode nos servir e convir? O proprio presidencialismo, comtanto que temperado pela mescla de elementos do parlamentarismo, e tendo por base **uma nova divisão dos poderes**. E' o regime mixto, afinal. Nas republicas parlamentares européas o presidente não é o **leader** politico da nação, nem exerce o poder executivo, que é delegado a um conselho de ministros, mas competem-lhe atribuições privativas e eminentes de carater legislativo e executivo. Em França o presidente tem a iniciativa das leis, em concorrencia com as duas camaras; tem o direito de conceder perdão; dispõe da força armada; nomeia os funcionarios civis e militares; recebe e acredita os enviados e os embaixadores das potencias estrangeiras; póde, com o assentimento do senado, dissolver a camara dos deputados; tem o direito de convocar extraordinariamente as camaras e de adia-las; e preside ás solenidades nacionais. **Mas só os ministros são responsaveis perante as camaras pela politica geral do governo.** (Leis constitucionais de 1875).

O presidente do **Reich** alemão representa a União nas relações internacionais; conclue alianças e outros tratados com as potencias estrangeiras; acredita e recebe embaixadores; nomeia e demite os funcionarios federais e oficiais da força armada; exerce o comando supremo de todas as forças militares da União: intervem nos Estados para obriga-los ao cumprimento da Constituição e das leis federais; pode, quando a segurança e a ordem publica são gravemente perturbadas ou ameaçadas, suspender os direitos fundamentais; exerce o direito de graça; nomeia e demite o chanceler e os ministros.

O chanceler, porém, preside o governo da Republica e dirige os negocios publicos, traçando as linhas diretoras da politica e por ela respondendo perante a assembléa nacional (Const. da Republica Alemã, Terceira Secção).

Identicas atribuições tem o presidente na Espanha.

No regime parlamentar é certo, pois, que o presidente, não governando nem administrando, paira superior aos outros poderes do Estado, mas isso não lhe dá ainda força bastante para que ele os possa manter em equilibrio, assegurando a estabilidade governamental. A vida dos governos está sempre na dependencia das camaras, cujos votos de desconfiança determinam a quéda imediata dos ministerios. E dess'arte o primado do poder legislativo se afirma constantemente. De certo que, aberto o conflito entre o legislativo e o executivo, é facultado ao presidente optar pela dissolução da camara. Mas o uso dessa faculdade é geralmente condicionado a requisitos de ordem pratica e legal, que o tornam ordinariamente inexequivel. E' o que acontece em França, onde a dissolução depende do acôrdo do senado, que a nega sistematicamente, resultando daí o haver caido em desuso essa prerogativa presidencial. Em suma, no parlamentarismo, o presidente não nomeia os ministros que quer, senão os que agradam ás camaras; e, contra a vontade destas não pode conserva-los no poder, senão as dissolvendo, o que nem sempre é possivel. Força é concluir, afinal, com a torrente dos publicistas, que os dois sistemas antagonicos, o presidencialista e o parlamentarista, padecem de uma mesma diatése de forma variavel: **hipertrofia** do executivo no primeiro; **anemia** do executivo no segundo. Que cumpre então fazer? Fundir ou amalgamar as virtudes e utilidades dos dois sistemas contrarios, e com esses elementos construir um novo tipo de presidencialismo, equidistante daqueles escólhos. Eis o nosso principal objetivo e quiçá a maior originalidade deste projeto. Em nossa concepção, o ról do presidente consistirá em presidir a Republica como o seu primeiro **magistrado,** e não como o seu primeiro **leader politico**. Fóra da atmosféra dos partidos e posto na posição de livrar-se de qualquer influxo dos interesses e paixões do mundo politico, ha de ele reunir os predicados e requisitos que fazem o verdadeiro magistrado. A sua independencia deverá ser real e insuspeitavel, e a sua autoridade bastante forte para que se imponha sem contraste. Cerebro do Estado, competir-lhe-á regular, coordenar e moderar a ação dos outros poderes publicos, assegurando-lhes a harmonia, entre si, e o livre exercicio de cada um, dentro dos limites constitucionais. Não se lhe concederá mais o poder executivo, que é apenas um ramo do poder publico. Si ele continuasse a exerce-lo, seria fatal a reincidencia cronica nos males a que se propoz sanar a revolução de 1930. Outras, porém, hão de ser as suas faculdades, e outro o poder que elas devem conferir-lhe.

Separado dos poderes executivo, legislativo e judiciario, ele constituirá o quarto poder do Estado, o poder moderador da Republica.

Si essa instituição é uma novidade para o regime republicano, já foi uma realidade no imperio, cuja constituição a creára e a delegára privativamente ao imperador **para que ele velasse incessantemente sobre a manutenção da independencia, equilibrio, e harmonia dos mais poderes politicos** (Constituição de 1824, art. 98). Debalde politicos apaixonados da época increpavam ao imperante a pratica abusiva do poder pessoal, porque a verdade era que residia no poder moderador a real garantia do regular funcionamento do sistema, e a causa primordial da existencia prolongada da monarquia.

Dissolvida a Assembléa Constituinte de 1823, instituira D. Pedro I um Conselho de Estado, deferindo-lhe o encargo de revêr o projeto daquela assembléa e elaborar outro definitivo. Foi o conselho que introduziu no projeto o poder moderador, de que não havia cogitado a Constituinte. Aonde puderam haurir inspirações aqueles conselheiros que, no incipiente constitucionalismo das primeiras decadas do seculo XIX, não encontravam padrões perfeitos para os orientarem? Afóra a constituição francêsa de 1791, foram a **Esquisse de Constitution** e **Principes de Politique** de Benjamin Constant, e o **Essai de Traité sur la charte** de Lanjuinais, as fontes consultivas a que recorreram os autores da primeira constituição brasileira.

As teorias liberais e engenhosas dos dois escritores gozavam de alto gráo de influencia em França, donde se irradiavam por todo o mundo culto. Entre nós, ninguem melhor que o professor da Faculdade de Direito do Recife, dr. Braz Florentino Henriques de Souza, elucidou as origens, nessa parte, da constituição brasileira de 1824. Vale bem reproduzir literalmente, do seu notavel livro — **Do Poder Moderador** —, edição de 1864, os conceitos que se seguem:

"Foi Aristoteles quem primeiro concebeu a divisão do poder em legislativo, executivo e judiciario. Locke a reproduziu, e Montesquieu, encontrando-a realizada na Inglaterra, esforçou-se por mostrar como nessa divisão estava a primeira garantia e a verdadeira medida da liberdade dos povos. A teoria generalisou-se e essa **trias politica** foi consagrada em quasi todas as constituições do seculo XIX.

Acusada sucessivamente de inexatidão logica, de insuficiencia politica, e de impossibilidade pratica, a divisão tripartida do poder publico só deste ultimo artigo de acusação tem se defendido, com mais ou menos sucesso, pelo orgão dos seus partidarios.

Não é com efeito exato, logicamente falando, que a confecção das leis, a execução e o julgamento abranjam todas as funções do governo, ou os diferentes modos de ação que ele deve empregar para manter a sociedade e conduzi-la ao seu fim.

Cumpre observar que os poderes politicos não são com propriedade outra coisa mais do que manifestações ou modos de ação do poder publico, que é **um só;** ou, como dizem alguns, não são outra coisa mais do que funções desse poder, ou direitos elementares de que se compõe a soberania. Ora, é evidente e incontestavel que o poder social exerce funções, bem como a de perdoar as penas, conceder anistias, etc., as quais de modo algum se poderão classificar em qualquer dos três membros da divisão indicada, isto é, como funções legislativas, executivas e judiciarias. Não se deve dissimular, observa o conde Rossi, que o sistema da separação dos poderes politicos é constantemente ameaçado de um perigo, que é inherente a todo o sistema de equilibrio. Um desarranjo na ação das forças contrastantes póde fazer desabar a abobada do edificio; e esse desarranjo é sempre mui facil quando se trata de forças morais. As paixões e as vontades não se unem tão fortemente como as traves e as pedras.

E' facil de perceber, diz a seu turno um publicista alemão, Robert Mohl, quanto essa divisão (tripartida) do poder publico é **insuficiente** para proteger a liberdade contra uma injusta opressão. Impede ela o poder legislativo de fazer leis tiranicas? o poder executivo de as executar com dureza? o poder judiciario de as aplicar injustamente? Onde está a impossibilidade de que alguns desses poderes, separados em teoria, se reunam na pratica para oprimir os cidadãos? Não se deve mesmo reconhecer sempre essa tendencia na influencia que o poder executivo póde exercer pelos meios que estão á sua disposição? Em resumo: os três poderes marcham de acôrdo, ou estão em divergencia. No primeiro caso, eles formarão uma unidade, sua ação será absoluta e soberana, e poderão abusar do poder, tanto quanto um monarca, tanto quanto o povo mesmo. No segundo caso, não haverá ação, os conflitos estorvarão o regular andamento dos negocios, o ciume reciproco dos poderes obstará a que eles se entendam para fazer o bem.

Haverá imobilidade ou anarquia.

Os três poderes politicos, diz justamente Benjamin Constant, tais como os temos conhecido até aqui, poder legislativo, executivo e judiciario, são três molas que devem cooperar, cada uma de sua parte, para o movimento geral; mas, quando essas molas desconcertadas, cruzam-se, chocam-se e estorvam-se mutuamente, é necessario uma **força** que as reponha em seu logar. Esta força não pode estar em **nenhuma dessas molas**, porque lhe serviria para destruir as outras, é necessario que ela esteja **fóra**, que seja **neutra** de alguma sorte, para que sua ação se aplique por toda a parte onde é necessario que seja aplicada, e para que seja **preservadora** e **reparadora** sem ser hostil. A monarquia constitucional tem a grande vantagem de crear esse poder neutro na **pessôa de um rei**. Sim, diz tambem Lanjuináis, para que haja uma liberdade regular, é necessario uma **autoridade medianeira, diretorial, moderadora, neutra** a certos respeitos, **absoluta debaixo**

de outras relações, enfim **irresponsavel,** uma autoridade que **previna** ou **termine** toda a luta perniciosa, que **frustre** todo o conluio para o mal, que **entretenha** ou **restabeleça** a harmonia necessaria para o bem entre as grandes autoridades

Desde que se trata de combinar poderes diferentes confiados a pessôas diversas, a existencia de um **centro de ação reguladora,** de um **grande mediador** que previna os choques violentos, que neutralise as tendencias funestas, que evite a anarquia ou a paz silenciosa da opressão, apresenta-se logo ao espirito como um meio logico indeclinavel, e como uma necessidade imprescritivel da pratica; de maneira que, para nos servirmos da expressão de um estimavel publicista, si esse mediador não existisse pela natureza das coisas, seria preciso crea-lo com a lei. Nenhum governo é possivel senão com a condição de que os poderes sociais sejam unidos, e marchem harmònicamente para o fim comum de sua instituição, Montesquieu mesmo implicitamente o reconheceu, pretendendo que os três poderes são **forçados a marchar de acôrdo**. O que seria em verdade uma sociedade sem **harmonia,** sem **unidade?** E como se poderia esperar do tempo que poderes distintos e separados marchem sempre de acôrdo para o bem geral, si, conforme Montesquieu, é uma experiencia eterna que todo o homem que tem poder é propenso a abusar d'ele, e a marchar até que encontre limites?

Do que ficou dito parece resultar logicamente que o orgam do Poder Moderador deve ser **unico,** ou, em outros termos, que a Constituição não podia deixar de delega-lo a **uma só pessôa** fisica, sob pena da mais flagrante inconsequencia, e de tal natureza, que lhe transtornaria completamente o plano, e o sistema de governo adotado. Com efeito, si o Poder Moderador é o grande centro de unidade, o grande meio externo de que se serviu o legislador constituinte para realizar a independencia, o equilibrio e a harmonia dos outros poderes, não haveria notavel inconsequencia em delega-lo a mais de uma pessôa fisica, ou em dar-lhe por orgam um ser coletivo, uma pessôa moral?

Sendo a divisão das vontades a enfermidade organica dos corpos coletivos, não seria isso crear um orgam defeituoso e incapaz de preencher cabalmente o seu destino? Como poderia ser o centro harmonisador e unitivo aquele em cujo seio pudesse introduzir-se divisão, e que por conseguinte necessitasse de ser harmonisado consigo mesmo?

Não; não era possivel que o legislador constituinte caisse em uma tal inconsequencia; e ei-lo por isso declarando-nos em termos bem precisos que o Poder Moderador "é delegado **privativamente** ao Imperador (Const. art. 98)." E' tambem o que expressamente ensinam B. Constant e Lanjuinais, o primeiro dizendo-nos que "o poder real está nas mãos do rei"; e o segundo, que "o Poder Moderador é reservado á **pessôa** do rei **exclusivamente.**" (1)

Si, no dizer de Benjamin Constant, a grande vantagem da monarquia constitucional foi ter creado esse poder neutro (moderador) na **pessôa de um rei,** porque não ha de a Republica crear esse mesmo poder na **pessôa do presidente?** A nossa experiencia já nos convenceu bastante de que ele não deve ser mais o chefe do poder executivo, que é apenas uma parte do todo, um dos orgams do poder publico, e sim o chefe supremo de todos os poderes politicos, o verdadeiro chefe do Estado. Só um poder superno, **neutro, mediador, moderador,** separado e independente dos outros poderes, ha de fazer que o presidente seja realmente não só o **primeiro representante** como tambem o **primei-**

(1) Op. cit. pags. 1 a 27.

ro magistrado da nação, comtanto que se lhe não conceda outra missão senão a de "corrigir os desvios, moderar os excessos, e contêr em suas respectivas orbitas aos outros poderes, sobre os quais velará incessantemente". Não conduzirão a outro fim as funções e prerogativas que lhe são atribuidas. No que se relaciona com o poder legislativo, exercerá ele a ação moderadora, **vetando** o projeto de lei, inconstitucional ou contrario aos interesses da nação; corrigirá as faltas ou omissões do mesmo poder, propondo-lhe projetos de lei, de que por ventura não haja ele cogitado; e o convocará a sessões extraordinarias, quando o exigir o interesse publico.

Em relação ao executivo, mais eficiente ainda se mostrará a sua autoridade, não só nomeando e demitindo os ministros, como aprovando e rejeitando os decretos, regulamentos e instruções que eles lhe propuzerem. E, quanto ao judiciario, nomeando os magistrados federais, indultando e comutando as penas...

Finalmente, levando a intervenção federal aos Estados, nos estritos termos da Constituição, cumprir-lhe-á restabelecer e manter o equilibrio constitucional da Federação, salvaguardando a um tempo a unidade do regime e a autonomia federativa.

Mas, si o presidente deve ser o chefe supremo do Estado, o primeiro representante da nação, é logico e necessario que não seja ele uma criatura de nenhum desses poderes, e sim uma emanação autentica da soberania nacional, no seu livre e solene pronunciamento. A eleição direta é, pois, uma condição elementar a tão alta investidura, porque só o voto popular lh'a poderá conferir com o carater de principal mandato entre todos os mandatos, como deverá ser o do — primeiro representante da nação. Si a eleição fôra indireta, si a escolha fôra a resultante do voto e das combinações proprias das assembléas politicas, é bem de vêr que, aos olhos da nação e perante o proprio Estado, ficaria ele amesquinhado na sua força moral, e suspeitado na sua independencia. Assim, como chefe supremo dos três poderes, é mister que ele se lhes imponha ao acatamento, não apenas pela autoridade, senão tambem pela genuinidade da sua origem democratica.

Ainda mais: a reeleição facultativa ha de ser igualmente outro consectario logico, no novo sistema presidencial. Desde que o presidente não é mais o chefe do poder executivo, não é mais o orgam supremo da administração e da politica, que é o que de razoavel resta para opor-se á reeleição? Como poderá o presidente abusar do cargo, corromper e intimidar, si não tem ele ação direta sobre os cidadãos, nem dispõe de meios para tais fins? Sem a cumplicidade do ministerio, é obvio que nada poderia tentar e executar naquele sentido. Essa hipotese, entretanto, é de todo inverosimil, uma vez que o executivo tem que viver sob as vistas imediatas da legislatura, perante a qual será politicamente responsavel. E de duas uma: ou a assembléa consente na atitude do ministerio, e nesse caso os dois poderes serão a favor da reeleição, o que sobremaneira a tornará conveniente e recomendavel; ou a assembléa se contrapõe ao ministerio, e este então terá que refrear-se, ou abrir luta com aquela, sujeitando-se, neste caso, ás sanções estabelecidas para os eventuais conflitos entre os dois poderes. A recondução de um presidente, que só tenha dado provas de integridade e habilidade, é util á Republica e á estabilidade da ordem constitucional; é mais ainda, uma possibilidade de continuidade administrativa, pois que o presidente reeleito poderá, com o assentimento da assembléa, reconduzir tambem o ministerio que houver feito jus á permanencia no poder.

Poder executivo — E', como o define Adolfo Posada, o "orgam de **ação** e de **gestão**, chamado a dar eficacia ás **normas** e **decisões** do legislativo, leis em sentido **formal**, mediante, primeiro, a função **regulamentar**, e, segundo, os **atos de execução**, que possa exigir a vigencia da lei". Competem-lhe, portanto, as funções que constituem propriamente o governo, na sua acepção restrita. Exercendo o presidente o poder moderador, poder **neutral**, **mediador**, está visto que não mais deverá chefiar o executivo, que é um dos poderes sujeitos á vigilancia daquele. Si fôra permitida a acumulação, estaria **ipso facto** violada a **neutralidade** do presidente e comprometida irremediavelmente a virtualidade e a ação do poder moderador. Não sendo isso possivel, forçoso se torna que o executivo seja delegado a uma entidade coletiva, denominada conselho de ministros, ou simplesmente ministerio. Em favor dessa instituição militam as mais fortes razões, que se podem consubstanciar nas seguintes. O executivo unipessoal implicaria o aparecimento de um governo ditatorial, em contradição com o regime que se quer estabelecer;

seria contrario aos principios da **divisão** do trabalho e da **especialização** das funções exatamente no dominio, onde se fazem sentir com o imperio de uma necessidade iniludivel. Porque, como doutrina o já citado publicista espanhol, "a crescente complexidade das funções do Estado moderno, que se traduz concretamente numa crescente complexidade dos serviços publicos, cada dia mais numerosos, reclama: a) mais amplitude, maior competencia na função normativa; b) maior força nos centros diretores; c) maior especialização das funções **politicas, juridicas** e **tecnicas,** e, paralelamente, uma mais definida e intensa diferenciação das instituições que as desempenham; d) uma ampla base de sustentação nas instituições chamadas a recolher os movimentos de opinião e as decisões da vontade coletiva, nacional; e) que as funções de governo, consistindo em operações e metodos **tecnicos,** não sejam determinadas ou definidas por movimentos de opinião de que possa ser orgam o sufragio; f) que os labores do Estado, na maioria das funções de governo — serviços publicos —, não sendo só **politicos,** senão **tecnicos,** sejam preparados e realisados **tecnicamente** por orgams ou instituições dotados de pessoal **competente;** g) que, em virtude da maior estimação politica em que se tem a **ação,** contrastando com o menor apreço concedido ao pensamento, haja por toda a parte a tendencia a reforçar a função do executivo e da administração (burocracia)". (1)

Assim, pois, o executivo colegiado é não só uma garantia politica e juridica das liberdades publicas, como principalmente uma questão de ordem **tecnica**. Tamanha é a complexidade e a diferenciação das funções executivas ou administrativas que não haveria como deixar de as repartir equitativamente por varios ministros, de harmonia com o criterio das competencias. E' esse um dos traços carateristicos do Estado moderno, monarquico ou republicano, parlamentar ou presidencial: a só diferença de funcionamento é o que distingue o ministerio parlamentar do presidencial, porque neste o ministro executa o que o presidente quer e manda, e naquele as iniciativas e decisões são tomadas com o voto da maioria ministerial. E mais: no proprio governo presidencial não ha rigidez na formula constitucional, variavel segundo o carater do presidente, não sendo raro que o governo se trans-

(1) Adolfo Posada — La Reforma Constitucional, pags. 150, 151-160.

forme, de fato, no de gabinete, quando o presidente voluntariamente se submete aos conselhos e deliberações dos ministros.

Para a formação ministerial pareceume indispensavel adotar um processo intermédio, associando a iniciativa presidencial á ratificação parlamentar. Assim é o presidente quem escolhe os ministros, mas a efetividade da escolha ficará dependendo do voto da assembléa. Este requisito visa preestabelecer a formal concordancia, que deve existir, entre a orientação politica do governo e a da maioria parlamentar, prevenindo funestas divergencias, cuja consequencia seria a luta, a desordem, a esterilidade governativa.

Convém não olvidar-se que no proprio regime presidencial não é tão arbitraria a nonomeação dos ministros, que de ordinario são homens politicos relacionados com a legislatura ou capazes de lhe conquistarem a confiança. Si assim é, o que ha de ser quando o ministerio vem a concentrar em si o governo integral? A consulta aos representantes populares será então uma condição primaria de unidade politica e de equilibrio, no funcionamento dos poderes constitucionais. A assembléa é a matriz politica, que ha de indicar ao governo as diretrizes comuns aos dois poderes. Embora autonomo, a vida do executivo depende imediatamente da legislatura, porque esta é quem vota a lei de **meios,** sem a qual ele não poderá viver. Si é certo que a decretação do orçamento é uma obrigação constitucional, não é menos exato que muita coisa poderá a assembléa recusar ao governo, quando entre eles não reinar a mutua confiança, tornando-lhe dificil senão precaria a estabilidade. E é o que facilmente pode acontecer com relação a outras leis de que porventura venha a necessitar o governo, e por ele propostas direta ou indiretamente Mas, si ele sofrer uma oposição sistematica, tudo que fôr possivel, se lhe ha de negar. Contrariamente, a solidariedade politica, que os vincular, não deve ir ao ponto de prejudicar o justo **contrôle** dos atos da administração, o que tanto sóe suceder quando é **incondicional** o apoio da maioria parlamentar, ou quando é exacerbado o espirito de oposição, que recusa fazer justiça.

Na Alemanha o chanceler e os ministros são nomeados pelo presidente da Republica, mas **precisam, para o exercicio de suas funções, da confiança da Assembléa Nacional;** e na Austria e noutros Estados o governo federal ou o ministerio é eleito pelo Conselho Nacional e assembléas: essa escolha direta dos parlamentos é a carateristica do que se tem denominado — a **racionalização** do parlamentarismo. O processo, por mim adotado, é preferivel á norma alemã, porque torna o ministerio independente dos votos de confiança, e indemissivel pela assembléa e pelo proprio presidente, salvo casos excepcionais.

A regra da indemissibilidade ministerial, como a proponho, é uma garantia nova, que não se encontra nas constituições européas e americanas. O ponto nevralgico do parlamentarismo é precisamente o não evitar a continua rotação ministerial, pois que os ministros sobem e caem a bel-prazer dos parlamentos, e muitas vezes pelo voto de maiorias ocasionais.

Excetuada a Inglaterra, onde o fato é menos frequente, graças á tradição e á atuação de grandes partidos, nos demais países, e nomeadamente em França, é comum a vida efemera dos gabinetes por sua incessante recomposição e substituição integral.

No regime presidencial, os ministros, sendo meros secretarios de Estado, da imediata confiança do presidente da Republica, que os nomeia livremente, podem ser por este despedidos, em qualquer ocasião, sem nenhuma cerimonia nem explicação; e isso os reduz forçosamente a doceis servidores do presidente, retirando-lhes a autonomia e a iniciativa nas funções proprias.

Superfluo seria insistir nesse ponto, cuja experimentação desfavoravel já está feita. Convinha, por conseguinte, fugir a esses vicios constitucionais da instituição ministerial, tal como vemo-la em vigor, e rebuscar uma outra modalidade capaz de trazer uma relativa estabilidade governamental. E' o que presumo haver conseguido, não facultando a demissão dos ministros senão nos três casos seguintes:

1.º — como solução de conflito entre o executivo e o legislativo, quando por ela optar o presidente da Republica;

2.º — quando o ministerio ou ministro não auxiliar ou não referendar os atos do presidente da Republica;

3.º — sob proposta do presidente do conselho, havendo dissidio entre ele e o ministro.

E' então que ha de mostrar-se em toda a sua grandeza o poder moderador, intervindo como arbitro supremo e resolvendo soberanamente as crises. Na primeira hipotese, poderá ele sustentar ou demitir o ministerio em causa: sustentando-o, estará no dever de justificar a sua resolução perante a assembléa, e, si esta não se conformar, insistindo na sua manifestação de desconfiança, só lhe restará ou demitir o ministerio, ou sujeitar a questão ao **referendum popular,** cujo resultado obrigará a dissolução da assembléa ou a demissão daquele.

O plebiscito, porém, convém que se limite ao eleitorado das capitais, poisque dificil e demorada seria a consulta a todo o país, dada a sua vastidão territorial, falha de meios faceis de comunicação, ocasionando, muitas vezes, ás populações interiores a ignorancia ou imperfeito conhecimento dos acontecimentos politicos. Não assim nas capitais, onde tudo é muito facil: a reunião do comicio civico, a completa instrução do eleitor sobre o objeto da consulta, a imprensa e as élites intelectuais e politicas para esclarecerem e orientarem a opinião publica. E, por fim, a possibilidade de, a breve trecho, realizar-se o **referendum** e resolver-se, sem delongas, o conflito.

Na hipotese improvavel, mas não impossivel, de negar-se o ministerio ou algum de seus membros a prestar assistencia ao presidente da Republica e a referendar-lhe os atos, ocorrerá uma nova forma de incompatibilidade negativa, não já entre dois poderes iguais, mas entre um deles e a propria autoridade suprema do Estado.

Não devendo esta submeter-se, sem quebra do seu prestigio e sem falsear o ról que lhe compete, não haverá outro meio de resolver o dissidio senão pela retirada voluntaria ou forçada dos ministros dissidentes. Entretanto, usando aí o poder moderador de uma de suas prerrogativas essenciais, não agirá ele por impulso proprio, filho da prepotencia ou do capricho pessoal, senão por provocação. E' admissivel que o ministerio tenha caido com a bôa causa, e que consiga, por conseguinte, despertar no seio da assembléa nacional um movimento de solidariedade em seu favor.

Nada impedirá então a assembléa de promover a destituição do presidente, decretando, para esse fim um plebiscito nacional: é a cassação do mandato á moda alemã, admitida expressamente na Constituição do Reich, art. 43. Essa arma sempre impendente, como a espada de Damocles, valendo como uma ameaça, forçará o presidente a conter-se invariavelmente dentro dos justos limites do seu cargo, e o inclinará a viver em constante e bôa inteligencia com os seus auxiliares imediatos.

Poder legislativo — Em geral a sua organização é a mesma da Constituição de 1891, com varios aditivos, como os relativos à **interpelação ministerial** e á **comissão permanente**.

A assembléa terá o direito de exigir o comparecimento dos ministros ás suas sessões, afim de lhe ministrarem esclarecimentos sobre qualquer negocio do seu ministerio; mas esse direito não terá a sanção do seu voto, positivo ou negativo, de confiança, diferindo muito do que se pratica no regime parlamentar. Assim pois, essa modalidade nos garantirá contra o censurado abuso das interpelações parlamentares com o fito exclusivo de derribar ministros; e a circunstancia de não admitir-se o voto de desconfiança ha de conter, por si só, o espirito oposicionista, que não logrará atingir aquele alvo, por intermedio somente de um simples ato interpelatorio.

A **comissão permanente** é o "traço constante da formação constitucional da Europa moderna, é o estado de defesa incessante em que todas as leis fundamentais colocam a representação popular contra os executivos". Ela existe até na Russia sovietica. A constituição da Espanha, a mais nova e não tendo ainda dois anos de idade, creou "a deputação permanente de côrtes, composta, no maximo, de 21 representantes das varias facções politicas, em proporção á sua força numerica.

A deputação tem por presidente o das proprias côrtes, e delibera sobre a suspensão das garantias constitucionais, decretos-leis, prisão e processo dos deputados, e demais materias que o regimento das côrtes lhe atribuir". Transplantando esses dispositivos, dei-lhes, todavia, mais amplitude, conferindo tambem á comissão permanente a atribuição de convocar extraordinariamente a assembléa, e a de pronunciar-se sobre as nomeações de ministros de Estado, do Supremo Tribunal Federal, e diplomatas.

Dess'arte o poder legislativo passa a ser, de fato, um poder permanente, exercendo sem descontinuidade a sua dupla função de orgão de **vigilancia** e de **legislação**.

Poder judiciario — De tudo quanto os competentes escreveram e propuzeram acerca da reorganisação da justiça nacional, é o projeto do notavel ministro do Supremo Tribunal Federal, dr. Artur Ribeiro, o que melhor se adapta ao regime federativo, realizando a unidade do direito na dualidade da justiça federal e estadoal. Considerei-me no dever de o adotar na integra, e mante-lo **ipsis**

literis, afim de que, nem de leve, viesse a sofrer alguma deformação. A magistral exposição de motivos do seu eminente autor, e os luminosos debates que se seguiram no seio da sub-comissão constitucional, são de molde a elucidar de vez todos os pontos controvertidos.

Regime tributario — Até hoje perdura, como **vexata questio,** contra que se tem clamado em vão, de um a outro extremo do país, a incidencia disfarçada ou ostensiva de impostos sobre o comercio inter-estadoal e inter-municipal. A Constituição os vedava expressamente, mas a proibição restava inane, por falta de sanção legal eficiente. A sub-comissão oficial, na elaboração do ante-projeto da nova constituição, parece haver acertado na escolha do meio facil e idoneo de atalhar a abusiva tributação: é a incumbencia, dada á assembléa nacional, de revêr, de quatro em quatro anos, os orçamentos e leis tributarias da União, dos Estados e dos Municipios, para o fim de eliminar esses e outros impostos incriminados.

Não menos nociva e clamorosa é tambem a triplice tributação federal, estadoal e municipal sobre a mesma materia. A reforma constitucional de 1926 facultou á União, como aos Estados, **cumulativamente** ou não, crear outras fontes de receita, além das que a mesma constituição discriminava. Estava aberta a porta á consumação de todos os absurdos e demasias. O consumo de todas as mercadorias, sem excetuar siquer os proprios generos de primeira necessidade, passou a ser o campo predileto das incursões progressivas do fisco federal e estadoal, com o consequente encarecimento geral da vida. E' preciso, pois, abolir a competencia **cumulativa,** e proibir absolutamente a acumulação ou a identidade de impostos federais, estadoais e municipais: Além da expressa proibição constitucional nesse sentido, fica a assembléa nacional igualmente autorizada a legislar a respeito, quando periodicamente exercitar a sua ação revisora.

No dominio tributario é tudo quanto demais util e exequivel se pode fazer sem agravar a profunda crise financeira que estiola a Republica. Fóra disso, é só manter inalteravel a discriminação de rendas da velha constituição, cuja nomenclatura dos impostos abrange quantos se acham em vigor, não comportando novos, nem consentindo reduções.

Estado de sitio — Não pode haver hoje quem desconheça quão incompativel com um Estado livre é esse instituto, e como o condenam a historia e a experiencia politica no nosso país.

A suspensão das garantias constitucionais é o mesmo que suspender a propria constituição, a instalar a ditadura legal.

De-fato, sem aquelas garantias que vale a constituição?

Desde a **magna carta** dos inglêses, ha seis seculos, os fundamentos do constitucionalismo assentam primordialmente nos direitos do **homem** e do **cidadão** Suspende-los, pois, ainda que temporariamente, é sujeitar uns e outros á tirania de um só ou de uma oligarquia, é subverter a ordem juridica, sem a qual a ordem social restará periclitante e conturbada pelos abusos de autoridade, e á mercê das perversidades que a paixão e a degenerescencia humanas, á solta, soem engendrar nas sinistras quadras de convulsões intestinas.

O estado de sitio, porém, não é só o eclipse total das liberdades: é, igualmente, uma inutilidade nefasta. Ele não garante a ordem, e não obsta o crime politico. Acima de quaisquer argumentos, estão aí os fatos da nossa vida politica, rememorando de forma eloquente uma longa serie de conspirações, motins, revoltas e revoluções, que se registaram até 1932, ano da grande revolução paulista. Nada disso prevenindo, servia apenas, ás mais das vezes, o estado de sitio para implantar, em parte ou em todo o territorio nacional, um regime de perseguições e vexações de toda a sorte. Como meio repressivo, seria necessario emprestar-lhe um cunho anomalo senão monstruoso, poisque a repressão é atributo exclusivo da justiça, que só a exerce mediante a observancia de normas processuais, estabelecidas em lei anterior. Não foi, em vão, que o maior dos nossos doutos e constitucionalistas, em sua famosa petição de **habeas-corpus** de 1892, escreveu o que se segue:

"De todas as armas confiadas pela necessidade aos governos, a suspensão de garantias, ainda limitada, é a mais tremenda.

Muitos publicistas, por isso, a condenam **in limine,** e não a admitem, mesmo atenuada, nas constituições livres. Essas garantias podem, na opinião deles, **manter-se, e observar-se em todas as épocas, em meio ás mais violentas comoções, tanto quanto nos momentos de maior tranquilidade** (1). Suspender estas condições essenciais da segurança, liberdade e propriedade, consideram-no esses escritores, como **verdadeira incon-**

---

(1) Pinheiro Ferreira: Princip. du droit publ. t. I, p. 85.

sequencia no sistema constitucional; porque mais facil é o abuso que o bom uso de medida tão arriscada (2). Elizalde, com a amarga experiencia de seu país, dizia, em 1862, no senado argentino: **Tan mal uso se ha hecho de este medio, que solo decir la palabra, es decir que una provincia está amenazada de los más grandes males e calamidades.....**
La declaration de estado de sitio es sumamente perjudicial, e con ella se han hecho las mas grandes violaciones y males.

Valentin Alsina acrescentava: **No solamente esa medida es completamente inutil: no solamente non aumenta en un ápice los recursos ó medios, con que cuenta el gobierno para contener una commocion interior, sinó tambien es perjudicial bajo el aspecto del credito del país en el estranjero.** Rawson declarava nesse debàte: **Siempre ha sido mi opinion que el estado de sitio es inutil por ineficaz, o es pernicioso quando se leva a efecto.** Irigoyen designara-o como resto **originario de epocas remotas, en que la libertad y las garantias non jugaban como hoy el rol de primordiales elementos de felicidad social.** E Emilio Alvear, na convenção de 1870, estigmatisava-o como **el ultimo refugio dejado**

(2) Lastarria: La Const. politica de la R. de Chile, comentada, p. 127.

á la dictadura... un estado de miedo, de cumplicidad, ó impotencia del gobernante..." (1)

Si a regra no direito publico americano é o estado de sitio, não é, todavia, dificil lobrigar-se o fenomeno de uma nova tendencia contraria, cuja revelação no-la oferecem as mais recentes constituições, como verdadeiros padrões de cultura democratica e ciencia politica, superiores a muitos respeitos aos modelos classicos dos dois ultimos seculos.

A Constituição uruguaia de 1917 proscrevia formalmente a suspensão de garantias, só facultando ao presidente da Republica tomar rapidas medidas de segurança nos casos graves e imprevistos de ataque estrangeiro ou de agitação interior, dando conta, dentro de 24 horas, ao Conselho e ao Parlamento, ou, na sua falta, á **Comissão Permanente,** de suas decisões e de seus motivos (art. 79 n. 19).

Mas essa mesma atribuição estava ainda sujeita a limitações.

Assim **não podia o presidente privar a nenhum individuo de sua liberdade pessoal; e, quando o interesse publico o exigisse, cum-**

(1) Rui Barbosa — Collectanea Juridica, págs. 27-28.

pria-lhe fazer deter a pessôa, passando-a, no prazo de 24 horas, A' DISPOSIÇÃO DO JUIZ COMPETENTE (art. 80). **A liberdade individual não poderia ser suspensa senão com o assentimento do Parlamento ou, em sua ausencia, da Comissão Permanente, e nos casos extraordinarios de traição á patria ou de conspiração contra ela, decidindo-se então unicamente a prisão dos delinquentes.**

Nada disso se assemelha ao que caraterisa o nosso abominavel estado de sitio: nada de suspensão de garantias, nada de detenções arbitrarias, nem de desterro.

A Constituição do Chile de 1925 reduz o estado de sitio a medidas **restritivas da liberdade pessoal, da liberdade de imprensa, e do direito de reunião**. (art. 44 n. 13).

Em suma, o estado de sitio ou é sempre inutil, ou é extremamente perigoso. O Estado moderno, com a sua vasta e poderosa armadura militar, não precisa de outro meio senão das suas forças armadas para debelar uma insurreição, que não seja nacional.

Enquanto se tratar de uma conspiração ou outro trama semelhante, ainda na sua fase secreta, é a ação policial e a judicial as que hão de exercitar-se contra os individuos surpreendidos em flagrante ou comprometidos por palavras e atos inequivocos.

Num e noutro caso, porém, não haverá necessidade de medidas extraordinarias, porque os codigos e leis comuns serão bastantes para permitir o procedimento policial e judicial, que se fizer necessario. Si houver principio de execução, e desencadear-se a luta armada, é obvio que, nessa emergencia, só a ação militar é que haverá de intervir para resolver a situação. E até aqui que influencia viria a exercer o estado de sitio? Tão somente a de abrir a possibilidade de abusos sem conta, de violencias e perseguições, a que não poderiam pôr cobro os tribunais. Agora se a rebelião não se circunscrever a um trecho do territorio nacional, e não consistir apenas numa explosão facciosa ou de indisciplina militar, mas, ao inverso, assumir o carater de um movimento extenso e profundo, apoiado pela opinião publica e pela maioria das classes armadas, então a resistencia da autoridade passaria a ser criminosa, procrastinando o desfecho legitimo de um conflito impatriotico. Porque nenhum governo poderá sustentar-se sem o consentimento expresso ou tacito da nação, e, quando esta formular o seu protesto armado, é forçoso que aquele renuncie ao poder sem relutancia.

Para prevenir a guerra civil e repelir a agressão estrangeira, bastará que um governo seja forte, moral e materialmente, e que possa agir com energia, presteza e liberdade, no deliberar e no executar. Esta condição ele a preencherá satisfatoriamente, desde que se lhe conceda concentrar, entre as mãos, todos os poderes do Estado: essa concentração é o sucedaneo do estado de sitio.

Este nada previne, nem debela revoluções; é a lição imutavel dos fatos, aqui e alhures. E, no entanto, em nosso país, pouco faltou para que o estado de sitio se transformasse em estado permanente de governo. Isso não deve perdurar mais.

"Si não é assim; si é mistér, em todas essas situações, recorrer ao estado de sitio, poderiamos dizer, com o Tribunal Supremo dos Estados Unidos, que, **quando, para salvar um país regido por instituições livres, se requer o sacrificio frequente dos principios cardeaes, que asseguram os direitos humanos, não vale a pena de salvar esse país".** (2)

---

(2) Rui Barbosa, op. cit. p. 33.

ANTE-PROJECTO DE CONSTITUIÇÃO FEDERAL PARA O BRASIL

PARTE PRIMEIRA

TITULO I

Direitos e deveres fundamentais

Art. 1.º — Os direitos e deveres fundamentais regulam a ordem juridica, e servem de normas e limites á vida social e á ação dos poderes publicos (Constituição de Dantzig, art. 71).

CAPITULO UNICO

Direitos individuais

Art. 2.º — A Constituição assegura a brasileiros e estrangeiros residentes no país a inviolabilidade dos direitos concernentes á liberdade, á segurança individual e á propriedade, nos termos seguintes:

§ 1.º — Ninguem pode ser obrigado a fazer, ou deixar de fazer alguma coisa senão em virtude de lei.

§ 2.º — Todos são iguais perante a lei, que não admite distinções de nascimento, raça e sexo, desconhece fóros de nobreza e titulos nobiliarquicos, e não crêa privilegios ou regalias de ordem honorifica.

§ 3.º — Nenhuma lei terá efeito retroativo, salvo a lei penal quando minorar a pena.

§ 4.º — Todos os individuos e confissões religiosas pódem exercer publica e livremente o seu culto, associando-se para esse fim e adquirindo bens. observadas as disposições do direito comum.

§ 5.º — O casamento é regulado pela lei civil. Todavia o casamento religioso, inscrito no registo civil com a ratificação dos conjuges, produzirá os mesmos efeitos do casamento civil.

§ 6.º — Os cemiterios publicos terão carater secular e serão administrados pelas municipalidades, sendo facultada a todos os cultos religiosos a pratica dos seus ritos em relação aos respectivos crentes. As comunidades religiosas poderão manter cemiterios particulares, sujeitos, porém, á inspeção da autoridade municipal.

§ 7.º — Será leigo e gratuito o ensino ministrado nos estabelecimentos publicos.

§ 8.º — Nenhum culto ou igreja gozará de subvenção oficial, nem terá relações de dependencia ou aliança com o governo da União ou o dos Estados.

§ 9.º — A todos é licito associarem-se e reunirem-se livremente, não podendo a policia intervir senão para manter a ordem publica.

§ 10.º — E' permitido a quem quer que seja representar, sobre qualquer assunto, aos poderes publicos, denunciar abusos das autoridades e promover a responsabilidade dos culpados.

§ 11 — Em tempo de paz, qualquer pessôa póde entrar no territorio nacional ou dele sair, com todos os seus haveres, sem outra formalidade senão a do passaporte.

§ 12 — Todo o individuo tem em sua casa um asilo inviolavel: ninguem poderá penetrar nela, de noite, sem o seu consentimento, senão para acudir a vitimas de crimes ou infortunios, nem de dia, senão nos casos e pela forma definidas em lei.

§ 13 — Em qualquer assunto é livre a manifestação do pensamento pela imprensa, ou pela tribuna, independente de censura, respondendo cada um pelos abusos que cometer, nos casos e pela forma que a lei determinar. Fica proibido o anonimato, e assegurado o direito de resposta.

§ 14 — A' exceção do flagrante delito, ninguem poderá ser preso senão depois da pronuncia, salvo a prisão preventiva nos casos em que a lei a autorizar, e precedendo ordem escrita da autoridade competente. Não haverá prisão por dividas, multas e custas.

§ 15 — Ninguem será conservado em prisão, por mais de três dias, sem nota de culpa assinada pelo juiz competente, salvo as exceções especificadas em lei; nem levado á prisão, ou nela mantido, si prestar fiança, nos casos em que a lei a permitir.

§ 16 — Ninguem sera julgado senão por juiz competente, em virtude de lei anterior e na forma por ela prescrita.

§ 17 — Ninguem será julgado sem defender-se, com direito a todos os recursos e meios de defesa.

§ 18 — Nenhuma pena passará da pessôa do delinquente.

§ 19 — Fica proibida a pena de morte, a de galés e a de banimento.

§ 20 — Dar-se-á o **habeas-corpus** sempre que alguem sofrer ou se achar em iminente perigo de sofrer violencia por meio de prisão, ou constrangimento ilegal, em sua liberdade civil e politica.

§ 21 — Em nenhum caso se concederá a extradição por crimes politico-sociais.

§ 22 — Excetuados os juizos especiais, não haverá fôro privilegiado, nem juizes de exceção.

§ 23 — E' garantido o livre exercicio de qualquer profissão de ordem moral, intelectual e industrial, salvo as limitações autorizadas no art. 27.

§ 24 — Os inventos industriais pertencerão aos seus autores, aos quais ficará garantido por lei um privilegio temporario, ou será concedido um premio razoavel, quando haja conveniencia em vulgarizar o invento.

§ 25 — Aos autores de obras literarias e artisticas é garantido o direito exclusivo de reproduzi-las pela imprensa ou por outro qualquer processo mecanico. Os herdeiros dos autores gosarão desse direito pelo tempo que a lei determinar.

§ 26 — A lei assegurará a propriedade das marcas de fabrica.

§ 27 — Por motivo de crença ou função religiosa, nenhum cidadão brasileiro poderá ser privado de seus direitos civis e politicos, nem eximir-se das obrigações que as leis lhe imponham.

§ 28 — Os que invocarem motivo de crença religiosa com o fim de se isentarem de algum onus legal, e os que aceitarem condecorações ou titulos nobiliarquicos ou estrangeiros, perderão todos os direitos politicos.

§ 29 — Ninguem será obrigado a pagar impostos senão em virtude de lei que o autorize.

§ 30 — Ninguem, sob nenhum pretexto, poderá eximir-se da obrigação de pagar os impostos creados por lei, salvo o caso de absoluta insolvabilidade.

§ 31 — O uso de uma lingua estrangeira não sofrerá nenhuma restrição, nem mesmo em materia de ensino.

§ 32 — Nenhum convenio ou tratado internacional terá validade quando infringir os direitos individuais e sociais que esta Constituição assegura.

§ 33 — O direito de propriedade é garantido em toda a sua plenitude, salvo as limitação facultadas nos arts. 39, 40, 42 e 43.

§ 34 — E' creado o mandado judicial de segurança em garantia do direito individual, quando ameaçado ou violado por ato manifestamente ilegal de qualquer autoridade.

§ 35 — A especificação das garantias e direitos expressos na Constituição não exclue outras garantias e direitos não enumerados, mas resultantes da forma de governo que ela estabelece e dos principios que consigna. (1)

(1) Constituição do Imperio, art. 179, Constituição Federal, arts 72, 78, da Alemanha, art. 113, da Espanha, arts. 30 e 35, do Mexico, art. 15

TITULO II

DIREITOS SOCIAIS

CAPITULO I

A FAMILIA

Art. 3.º — O casamento é o vinculo constitutivo da familia, baseado na monogamia e na igualdade de ambos os sexos.

Art. 4.º — Os pais são obrigados a sustentar, educar e instruir os filhos.

Art. 5.º — A proteção á maternidade e á infancia desvalida são serviços publicos obrigatorios.

Art. 6.º — A constituição do bem de familia será facilitada por toda a sorte de favores e auxilios ás familias pobres, sendo isenta de qualquer imposto.

Art. 7.º — Ficam instituidos, em todo o territorio nacional, os conselhos representativos da familia brasileira.

Art. 8.º — Os conselhos familiares terão atribuições para discutir as questões de educação fisica, moral e civica, de ensino primario, de higiene domestica e social, e de beneficencia e assistencia social; e mais o direito de assesorar a administração publica e de exercer a iniciativa legislativa sobre aquelas materias.

Art. 9.º — A União, os Estados e os Municipios terão os seus conselhos familiares, instalados nas respectivas capitais, cidades e vilas. A eleição dos conselhos municipais far-se-á pelo voto direto de cada familia brasileira, cujos membros forem eleitores; a dos conselhos estadoais, pelos municipais, e a do conselho federal, pelos estadoais.

Art. 10 — Uma lei organica estatuirá sobre a forma, eleição e funcionamento dos conselhos familiares.

CAPITULO II

AS ASSOCIAÇÕES

Art. 11 — Todas as associações poderão organisar-se e funcionar livremente, sem nenhuma dependencia ou intervenção oficial.

Art. 12 — As associações organisadas, com observancia do direito comum, poderão adquirir a capacidade juridica.

Art. 13 — As comunidades religiosas, institutos de ensino, corporações cientificas, de artes e oficios, e os sindicatos e outras associações de ordem economica, que, por sua constituição e pelo numero dos seus associados, oferecerem garantias de estabilidade, poderão adquirir, por lei, o carater de instituições de direito publico.

Art. 14 — As associações de direito publico, quando abrangerem as principais profissões ou classes, adquirirão o direito de eleger um senado corporativo ou conselho economico, cuja organisação será dada por uma lei constitucional.

Art. 15 — Enquanto não se organisar o senado corporativo ou conselho economico, as associações de direito publico serão simples orgãos consultivos, limitados ao direito de assesorar os poderes publicos, e ao de exercer a iniciativa legislativa, nas materias que se relacionarem com os seus fins e interesses.

CAPITULO III

A EDUCAÇÃO

Art. 16 — As artes e as ciencias serão protegidas e incrementadas.

Art. 17 — E' garantida a liberdade de ensino, em todos os seus gráos.

Art. 18 — A instrução primaria, e a educação fisica e moral, serão administradas no lar domestico, e nas escolas publicas e particulares.

Art. 19 — As escolas publicas primarias serão federais, estadoais e municipais. Para o respectivo custeio e difusão contribuirá a União com a quota minima de 20 °|°, o Estado com a de 15 °|°, e o municipio com a de 10 °|°, da receita orçada.

Art. 20 — O ensino primario é gratuito e leigo. A gratuidade compreende o ensino e os materiais escolares. Aos meninos pobres concedér-se-ão meios para que possam frequentar a escola. A laicidade do ensino implica o respeito á consciencia do mestre e á dos alunos, representados estes por seus pais e tutores.

Art. 21 — O ensino religioso é facultativo nas escolas publicas, sem prejuizo do horario oficial, e depois deste, sendo condição essencial a comunhão de crenças entre o mestre e os paes ou tutores dos alunos. Poderá ensinar um dos credos religiosos o proprio professor ou o sacerdote que os pais e tutores dos alunos designarem.

Art. 22 — Observadas as condições do artigo antecedente, em nenhuma escola publica se facultará o ensino de mais de uma religião. A pedido dos responsaveis pela edução das crianças, poderão crear-se escolas publicas onde se encine exclusivamente a religião que adotarem.

Art. 23 — Quando houver antagonismo de crenças entre o professor e os pais e tutores dos alunos, ou destes entre si, será vedado o ensino religioso na escola publica.

Art. 24 — As emprezas industriais são obrigadas a manter escolas primarias gratuitas para os filhos de seus empregados e operarios.

A lei determinará em que condições ficam as emprezas obrigadas a cumprir esse encargo.

Art. 25 — O ensino médio, superior, tecnico-profissional, de artes e oficios, poderá ser ministrado em estabelecimentos publicos e particulares, mediante a observancia das bases que a legislação federal prescrever. Os institutos particulares, que as observarem, terão as mesmas regalias dos institutos oficiais.

Art. 26 — A instrução civica é obrigatoria nos cursos secundarios e superiores.

CAPITULO IV

O trabalho

Art. 27 — A liberdade de profissão e de trabalho não será regulamentada senão no que implique a segurança individual, a saude publica e a ordem social.

Art. 28 — O trabalho nas industrias, no comercio, nas artes e oficios, e, em geral, nos serviços materiais, não poderá infringir os seguintes principios:

a) o trabalho humano não será considerado, nem tratado como uma mercadoria, sujeito á relação da oferta e da procura;

b) a jornada maxima, por dia, será de 8 horas;

c) em cada semana de trabalho haverá um dia de descanso, pelo menos;

d) o trabalho de menores de 12 anos não poderá ser objeto de contrato;

e) os maiores de 12 anos e menores de 16 não poderão trabalhar mais de 6 horas, por dia;

f) os trabalhos insalubres e perigosos ás mulheres e aos menores de 16 anos serão proibidos;

g) as mulheres, durante os três mêses anteriores ao parto, não executarão trabalhos incompativeis com a gravidez, e, no mês seguinte ao parto, gozarão de descanso forçado, sem prejuizo de seus salarios integrais e dos direitos que houverem adquirido por contrato;

h) o salario minimo deverá satisfazer as necessidades irredutiveis do trabalhador, atendendo ás condições do logar;

i) o salario minimo estará isento de embargo, compensação ou desconto;

j) a igual trabalho corresponderá igual salario, sem distinção de sexo;

k) em toda empreza agricola, comercial, fabril e mineira, o empregado ou operario terá direito a uma participação nos lucros liquidos;

l) a fixação do salario minimo e da participação nos lucros liquidos far-se-á por mutuo acôrdo entre o patrão, o empregado ou operario, e, no caso de desinteligencia entre eles, pelas juntas de que tratam os arts. 33 e 37.

Art. 29 — Em circunstancias extraordinarias poderão prorogar-se as horas de trabalho, abonando-se como salario, pelo tempo excedente, o dobro do fixado para as horas normais. As mulheres e os menores de 16 anos não serão admitidos nesta classe de trabalho.

Art. 30 — Em todo o estabelecimento agricola, industrial, mineiro e outros congeneres, os patrões são obrigados a proporcionar aos empregados e operarios rurais habitações higienicas, enfermarias e assistencia medica.

Art. 31 — A União organisará, com o concurso dos Estados e dos patrões, empregados e operarios, um sistema global de seguros para os casos de enfermidades, acidentes, desocupação, invalidez, velhice e morte dos segurados.

Art. 32 — Os patrões, empregados e operarios terão o direito de associarem-se em defesa de seus interesses, formando sindicatos, associações profissionais e outras.

Art. 33 — Ficam creadas as Juntas de Conciliação e Arbitragem para o fim especial de fixarem o salario minimo e a participação nos lucros, a que se referem as letras h) e k) do art. 28.

Art. 34 — Haverá em cada municipio uma junta, composta de igual numero de representantes dos patrões, empregados e operarios, funcionando sob a direção de um juiz nomeado pelo governo do Estado. O mesmo juiz presidirá a eleição da junta, tomando por base o registo eleitoral, e observando, quanto possivel, o processo das eleições comuns.

Art. 35 — Constituir-se-á, na capital de cada Estado, sob a presidencia de um magistrado designado pelo respectivo governo, uma junta central para o fim de revêr, em gráo de recurso, as decisões das juntas municipais, e resolver originariamente as questões entre o capital e o trabalho.

Art. 36 — A junta central compor-se-á de vinte e quatro representantes das juntas dos municipios que forem os maiores produtores, não podendo nenhuma delas ter mais de um representante.

Art. 37 — Será bienal a renovação das juntas municipais, e facultativa a reeleição dos seus membros. Nenhuma junta municipal poderá compôr-se de mais de doze representantes. (1)

---

(1) **Constituição do Mexico, art. 123, da Alemanha, art. 161.**

CAPITULO V

A PROPRIEDADE

Art. 38 — A propriedade é um direito individual e uma função social.

Art. 39 — E' facultada a desapropriação por causa de utilidade publica e social, definidas em lei, e mediante prévia indenisação.

Art. 40 — A propriedade está sujeita aos gravames e modalidades que a lei lhe impuzer, em beneficio da coletividade.

Art. 41 — Incumbe á União e aos Estados:

a) fomentar o melhor aproveitamento de terras incultas ou mal cultivadas, maximé as de proprietarios ausentes;

b) promover a fundação de burgos e colonias agricolas, em terras ferteis e proximas ás vias-ferreas e rios navegaveis, povoando-as de agricultores, nacionais e estrangeiros, contanto que estes não excedam o numero daqueles;

c) zelar a conservação das riquezas naturais, especialmente as florestas e quédas d'agua, e evitar os danos que a propriedade possa sofrer em detrimento da comunidade.

Art. 42 — As minas pertencem ao proprietario do solo, salvo as limitações estabelecidas por lei, a bem da exploração respectiva.

Art. 43 — As minas e jazidas minerais, necessarias á segurança e defesa do país, e as terras onde existirem, não podem ser transferidas a estrangeiros. (1)

CAPITULO VI

A ECONOMIA NACIONAL

Art. 44 — Toda a riqueza, qualquer que seja o seu dono, está subordinada aos interesses da economia nacional.

Art. 45 — Toda a riqueza artistica e historica do país, qualquer que seja o seu dono, faz parte do patrimonio nacional, e não será alienada, nem exportada, sem o consentimento do governo, que a poderá desapropriar a todo tempo.

Art. 46 — A legislação favorecerá o maior parcelamento do solo de modo a proporcionar a todos a aquisição da propriedade, autorizando, para esse fim, as desapropriações necessarias.

Art. 47 — A cultura ou exploração do solo é um dever do proprietario territorial.

---

(1) Constituição de 1891, art. 72 § 17, do Mexico, art. 27.

O aumento do valor da terra, não proveniente do trabalho ou do capital, deve ser aproveitado em beneficio da coletividade, por meio do imposto corelativo.

Art. 48 — Os serviços publicos e as empresas particulares poderão ser socialisados, nos casos regulados por lei, e mediante prévia indenisação.

Art. 49 — A União, os Estados e os Municipios poderão intervir, dentro das normas que a legislação federal prescrever, na exploração e coordenação de industrias e empresas economicas, quando o exigirem a racionalização e os interesses da economia nacional. (1)

CAPITULO VII

OS NACIONAIS

Art. 50 — São brasileiros:

1.º — os nascidos no Brasil, de pais e mães brasileiros;

2.º — os nascidos no estrangeiro, de pais ou mães brasileiros, si vierem domiciliar-se no Brasil;

3.º — os filhos de pais e mães estrangeiros, nascidos no Brasil, si nele forem domiciliados;

---

(1) Constituição da Espanha, arts. 44-45, da Alemanha, art. 155.

4.º — os estrangeiros que residirem no Brasil, e forem casados com brasileiras ou tiverem filhos brasileiros, salvo si manifesrem a intenção da não mudar de nacionalidade;

5.º — a estrangeira, casada com brasileiro, residente no Brasil, salvo si optar pela sua nacionalidade de origem;

6.º — os estrangeiros naturalisados.

Art. 51 — Havendo reciprocidade internacional, e mediante as formalidades que estatuirem as convenções ou tratados, poderão os estrangeiros naturalisar-se brasileiros, sem a perda de sua nacionalidade de origem. E, reciprocamente, os brasileiros poderão naturalisar-se nesses mesmos países, sem perderem a sua nacionalidade de origem.

Art. 52 — A nacionalidade só se suspende:

a) por incapacidade civil;

b) por condenação criminal, enquanto durarem os seus efeitos.

Art. 53 — A nacionalidade se perde:

a) pela naturalização em país estrangeiro, salvo o disposto no art. 51;

b) pela recusa, sem justa causa, de prestar os serviços e sujeitar-se aos onus que as leis impuzerem a todos os brasileiros;

c) por aceitação de condecorações ou titulos nobiliarios estrangeiros.

Art. 54 — São eleitores os brasileiros de ambos os sexos, maiores de 18 anos, que se alistarem na forma da lei.

PARTE SEGUNDA

A Organização Politica

TITULO I

A FEDERAÇÃO

Art. 55 — A nação brasileira é uma republica federativa, democratica e representativa, proclamada a 15 de novembro de 1889, e constituida pela união perpetua e indissoluvel das suas unidades federadas.

Art. 56 — A federação compõe-se de um Distrito Federal e dos Estados do Amazonas, Pará, Maranhão, Piauí, Ceará, Rio Grande do Norte, Paraíba, Pernambuco, Alagôas, Sergipe, Baía, Espirito-Santo, Minas-Gerais, Rio de Janeiro, S. Paulo, Paraná, S. Catarina, Rio Grande do Sul, Mato-Grosso, Goíaz, e territorio do Acre.

Art. 57 — Os Estados poderão incorporar-se entre si, subdividir-se ou desmembrar-se para se anexarem a outros, ou formarem novos Estados, com aquiescencia da Assembléa Nacional, e mediante exclusiva iniciativa das suas assembléas ou de um terço, pelo menos, do respectivo eleitorado. Neste ultimo caso é obrigatorio o plebiscito, cujo resultado terá efeito decisorio.

Art. 58 — São declarados definitivos, para todos os efeitos, os limites interestadoais atualmente observados, quer sejam limites de direito, quer o sejam apenas de fato, ficando, assim, extintas todas as questões correlatas, qualquer que seja o estado em que se achem.

O Governo Federal providenciará sobre o reconhecimento, descrição e demarcação desses limites.

Art. 59 — Incumbe a cada Estado prover, a expensas proprias, ás necessidades de seu governo e administração; a União, porém, prestará socorros áquele que, em caso de calamidade publica, os solicitar.

Art. 60 — O Estado que, por insuficiencia de renda, não estiver em condições de custear regularmente o séu funcionalismo, e os serviços de policia, justiça, higiene, instrução primaria e viação, ou os encargos da sua divida publica, receberá o auxilio financeiro da União, que não lh'o poderá negar, sob nenhum pretexto.

§ 1.º Quando o auxilio federal se restringir exclusivamente aos serviços da divida publica ou da viação, o governo da União poderá avoca-los a si, si não preferir fiscalisa-los apenas, por intermedio dos seus agentes.

§ 2.º Si o auxilio federal, porém, se extender a todos os serviços mencionados neste artigo, excedendo a receita estadoal, terá a União o direito de nomear um interventor para o fim de assumir integralmente o governo do Estado.

§ 3.º Si, apezar do auxilio da União, não recuperar o Estado, dentro em prazo razoavel, a capacidade financeira para provêr, em condições normais, aos serviços de seu governo autonomo, será o mesmo, por lei federal, reduzido á condição de territorio, ou anexado a um dos Estados limitrofes, ou desmembrado para anexar-se a dois ou mais Estados, consultada préviamente a vontade popular, por plebiscito, referente apenas á escolha dos Estados, a que a população quizer pertencer.

Art. 61 — A União não poderá intervir em negocios peculiares aos Estados, salvo:

I — para repelir invasão estrangeira, ou de um Estado em outro:

II — para assegurar a integridade nacional;

III — para garantir o livre exercicio de qualquer dos poderes estadoais, por solicitação dos seus orgams legitimos, e para pôr termo á guerra civil, independentemente de solicitação, respeitada a existencia das autoridades do Estado;

IV — para assegurar a execução das leis e sentenças federais;

V — para reorganisar as finanças do Estado, na forma do art. 60;

VI — para salvaguardar os principios constitucionais, explicitos nesta Constituição.

Art. 62 — Compete privativamente:

a) á Assembléa Nacional decretar a intervenção nos Estados para assegurar o respeito aos principios constitucionais e para reorganizar-lhes as finanças;

b) ao Supremo Tribunal Federal requisitar a intervenção nos Estados para assegurar a execução das sentenças federais, e ao Superior Tribunal Eleitoral para fazer cumprir as decisões da justiça eleitoral;

c) ao Presidente da Republica intervir nos Estados, quando a Assembléa Nacional haja decretado a intervenção; quando o Supremo Tribunal Federal ou o Supremo Tribunal Eleitoral a tenha requisitado; quando qualquer dos poderes estadoais a solicitar, e, independentemente de provocação, nos mais casos do art. 61.

Art. 63 — E' da exclusiva competencia da União decretar:

1.º — impostos de consumo; sobre a renda, excetuada a de imoveis; e sobre a importação de procedencia estrangeira;

2.º — direitos de entrada, saida e estadia de navios, sendo livre o comercio de cabotagem ás mercadorias nacionais, bem como ás estrangeiras, que já tenham pago imposto de importação;

3.º — taxas de sêlo, salvo as da competencia dos Estados;

4.º — taxas dos correios e telegrafos federais.

Art. 64 — E' vedado á União crear, de qualquer modo, distinções e preferencias em favor dos portos de um contra os de outros Estados.

Art. 65 — E' da exclusiva competencia dos Estados decretar impostos e taxas:

1.º — sobre a exportação de mercadorias de sua propria produção;

2.º — sobre imoveis rurais e urbanos;

3.º — sobre transmissão de propriedade;

4.º — sobre industrias e profissões;

5.º — de sêlo, quanto aos atos emanados de seus governos e negocios de sua economia;

6.º — sobre seus correios e telegrafos.

Art. 66 — E' isenta de impostos, no Estado por onde se exportar, a produção de outros Estados.

Art. 67 — Os Estados reduzirão gradativamente os impostos de exportação até a sua completa extinção em 1950.

Art. 68 — E' proibido aos Estados tributar bens e rendas federais, ou serviços a cargo da União, e reciprocamente.

Art. 69 — E' absolutamente livre a circulação, interestadoal e intermunicipal, de todos os produtos nacionais ou de procedencia estrangeira.

Nem a União, nem os Estados e os Municipios, poderão crear impostos de transito ou outros, restritivos da circulação de quaisquer mercadorias, ou incidindo sobre os veiculos de terra e agua, que as transportarem.

Art. 70 — Além das fontes de rendas, discriminadas nos arts. 63-65, é licito á União, como aos Estados, crear outras quaisquer, não contravindo os arts. 64, 66, 67, 68 e 69.

Art. 71 — Incumbe á Assembléa Nacional revêr, de quatro em quatro anos, os orçamentos e leis tributarias da União, dos Estados e Municipios, e decretar leis tendentes:

1.º — a reduzir progressivamente os impostos de exportação;

2.º — a impedir a vigencia de impostos inter-estaduais e inter-municipais, ou anti-economicos, e dos que possam crear desigualdades e privilegios entre os contribuintes;

3.º — a coibir a acumulação ou identidade de impostos federais, estadoais e municipais, quaisquer que sejam as denominações.

Art. 72 — Compete privativamente á União legislar:

1.º — sobre as relações com as nações estrangeiras;

2.º — sobre o padrão monetario;

3.º — sobre as alfandegas e a unidade aduaneira;

4.º — sobre a instituição de bancos emissores;

5.º — sobre o comercio exterior e interior, e a livre circulação das mercadorias;

6.º — sobre a imigração e a emigração;

7.º — sobre o padrão de pesos e medidas;

8.º — sobre a naturalização;

9.º — sobre a extradição de nacionais e estrangeiros;

10 — sobre emprestimos externos;

11 — sobre a defesa das fronteiras;

12 — sobre a organização das forças armadas;

13 — sobre a declaração da guerra e a celebração da paz;

14 — sobre a representação diplomatica e consular.

Art. 73 — Compete mais a União legislar, mas não privativamente:

1.º — sobre o direito civil, comercial, penal e processual;

2.º — sobre a educação nacional;

3.º — sobre o ensino tecnico-profissional;

4.º — sobre a imprensa, associações e reuniões,

5.º — sobre a saude publica, medicina veterinaria e proteção ás plantas contra as molestias e insetos daninhos;

6.º — sobre o trabalho, o seguro e a proteção aos operarios e empregados;

7.º — sobre a representação profissional ou de classes;

8.º — sobre a desapropriação por utilidade publica ou social;

9.º — sobre a socialização das riquezas naturais e das empresas economicas;

10 — sobre as organisações coletivistas;

11 — sobre a industria e a mineração;

12 — sobre os seguros;

13 — sobre a navegação maritima, a pesca em alto mar e nas costas;

14 — sobre a viação-ferrea e de rodagem, navegação interior, aviação, e automobilismo;

15 — sobre os correios, telegrafos e telefones.

Art. 74 — Respeitada a competencia privativa da União, é facultado aos Estados legislar sobre as materias de que trata o art. 73, enquanto não se exercitar, a respeito, a ação federal.

Art. 75 — O direito da União prima sobre o direito dos Estados, e conseguintemente a lei federal revogará a lei estadoal.

Suscitando-se questões de competencia ou conflitos de interesses entre o Estado e a União, poderá o Governo Federal ou o do Estado submeter o caso á decisão do Supremo

Tribunal Federal, segundo o processo que a Assembléa Nacional prescrever.

Art. 76 — As leis da União, os atos e sentenças das suas autoridades, serão executadas, em todo o país, por funcionarios federais, podendo, todavia, a execução das primeiras e das ultimas ser confiada ás autoridades dos Estados. Estes são obrigados, mediante requisição dos poderes federais, a sanar as faltas verificadas na execução das leis e sentenças da União. Em caso de conflito, poderá o Governo Federal ou o do Estado provocar a decisão do Supremo Tribunal Federal.

Art. 77 — Compete aos Estados, em geral, todo e qualquer poder ou direito, que lhes não fôr negado por clausula expressa, ou implicitamente contida nas clausulas expressas da Constituição.

Art. 78 — A capital da União constitue o Distrito Federal.

A cidade do Rio de Janeiro continuará a ser a capital do Brasil, enquanto não fôr mudada para outro ponto do territorio nacional. O Distrito Federal ficará sob o regime direto da União. (1)

---

(1) Constituição de 1891, da Alemanha e ante-projeto da sub-comissão constitucional.

TITULO II

Forma republicana

CAPITULO I

DISPOSIÇÕES PRELIMINARES

Art. 79 — Todos os poderes publicos derivam a sua legitimidade do consentimento expresso ou tacito da nação.

A soberania nacional reside originariamente no povo, que a exerce por intermedio dos seus representantes, nos termos desta Constituição e das dos Estados. O povo pode exercer a sua ação direta, nos casos em que são admissiveis a iniciativa popular e o referendum.

Art. 80 — São principios constitucionais, e carateristicos da forma de governo, os seguintes:

1.° — a eletividade e temporariedade das funções politicas;

2.° — a responsabilidade politica e criminal dos mandatarios publicos;

3.° — a liberdade politica e a igualdade dos cidadãos;

4.° — o regime representativo;

5.° — o regime presidencial;

6.º — a divisão e harmonia dos poderes politicos;

7.º — o regime federativo;

8.º — a autonomia dos municipios;

9.º — a capacidade para ser eleitor e elegivel, nos termos da Constituição;

10 — a representação das minorias;

11 — a inamovibilidade e vitaliciedade dos magistrados, e irredutilidade dos seus vencimentos;

12 — os direitos individuais, sociais e politicos;

13 — a iniciativa e o **referendum** popular;

14 — a possibilidade da reforma constitucional.

Art. 81 — São orgaõs da soberania nacional: o poder moderador, o poder legislativo, o poder executivo e o poder judiciario, independentes e harmonicos entre si. (1)

CAPITULO II

O PODER MODERADOR

Art. 82 — O poder moderador é delegado privativamente ao presidente da Republica. O presidente é o supremo magistrado

(1) Const. de 1891, do Mexico, arts. 39-41.

da nação, e o seu primeiro representante, a quem incumbe incessantemente velar sobre os destinos da Republica, e sobre a conservação, equilibrio e independencia dos mais poderes politicos, assim como sobre a inviolabilidade dos direitos fundamentais.

Art. 83 — São condições essenciais para ser eleito presidente da Republica:

1.º — ser brasileiro nato;

2.º — estar no goso dos direitos politicos;

3.º — ser maior de 35 anos.

Art. 84 — No impedimento, ou falta do presidente, serão sucessivamente chamados á presidencia, o presidente do conselho de ministros, o presidente da Assembléa Nacional e o presidente do Supremo Tribunal Federal.

Art. 85 — O presidente exercerá o cargo por quatro anos, podendo ser reeleito para o perido presidencial imediato, si alcançar três quartas partes dos sufragios apurados.

§ 1.º — O presidente deixará o exercicio de suas funções, improrogavelmente, no mesmo dia em que terminar o seu periodo presidencial, sucedendo-lhe logo o recem-eleito.

§ 2.º — Si este se achar impedido, ou

faltar, a substituição far-se-á nos termos do art. 84.

§ 3.º — Cada periodo presidencial começará a correr do momento em que empossar-se no cargo o presidente.

§ 4.º — O presidente não poderá sair do territorio nacional sem prévia licença da Assembléa Nacional, ou da sua comissão permanente, quando aquela estiver em férias.

§ 5.º — O presidente ou o substituto, em exercicio, perceberá o subsidio, que a assembléa fixar, no periodo presidencial anterior.

Art. 86 — Ao empossar-se no cargo, prestará o presidente, em sessão da assembléa nacional, ou, si esta não estiver reunida, perante o supremo tribunal federal, o seguinte compromisso: "Prometo ser fiel cumpridor da Constituição e das leis, promover o bem geral do Brasil, e sustentar-lhe a união, a integridade e a independencia".

Art. 87 — O presidente será eleito por sufragio direto da nação e maioria absoluta de votos.

§ 1.º — A lei eleitoral fixará a data da eleição, e regulará o respectivo processo e apuração.

§ 2.º — Si o presidente não fôr reeleito e si nenhum dos votados houver alcançado maioria absoluta de votos, a assembléa nacional elegerá, por maioria de votos, um dentre os dois mais votados na eleição direta, excluido o presidente.

§ 3.º — São inelegiveis para o cargo de presidente os parentes consanguineos e afins, nos 1.º e 2.º gráos do presidente ou substituto, que se achar em exercicio no momento da eleição, ou que o tenha deixado até seis mêses antes.

Art. 88 — Compete privativamente ao presidente da Republica:

1.º — sancionar, promulgar e fazer publicar as leis e resoluções da assembléa nacional;

2.º — expedir decretos regulamentos e instruções, sob proposta do ministerio, para a fiel execução das leis;

3.º — vetar os projetos de lei da assembléa nacional;

4.º — nomear os ministros de Estado, os diplomatas, os ministros do supremo tribunal federal, do tribunal de contas e do superior tribunal eleitoral, mediante aprovação da assembléa nacional.

5.º — representar a nação no exterior e manter relações com os Estados estrangeiros;

6.º — declarar a guerra e fazer a paz, conforme a resolução da assembléa nacional;

7.º — declarar imediatamente a guerra, nos casos de invasão ou agressão estrangeira;

8.º — distribuir as forças do exercito e da armada, de acôrdo com as leis e as necessidades da segurança interna e das fronteiras;

9.º — exercer ou designar quem deva exercer o comando supremo das forças armadas, em tempo de guerra interna ou externa;

10 — nomear os magistrados federais;

11 — demitir o ministerio ou o ministro que o não auxiliar, ou não referendar-lhe os actos, ou que entrar em conflito com a assembléa nacional, no caso do art. 89, alinea primeira;

12 — conceder anistia, na ausencia da assembléa nacional;

13 — indultar e comutar as penas;

14 — convocar extraordinariamente a asembléa nacional;

15 — comparecer perante a assembléa nacional, no dia da abertura de cada sessão ordinaria, para expor-lhe a situação da Republica, e indicar-lhe as providencias e reformas urgentes, em mensagem, que deverá lêr;

16 — acreditar e receber embaixadores e outros diplomatas;

17 — concluir ajustes, convenções e tratados internacionais, **ad referendum** da assembléa nacional;

18 — autorizar o ministerio a entabolar negociações preliminares á conclusão desses atos internacionais;

19 — homologar os ajustes e convenções que os Estados celebrarem entre si, submetendo-os, quando lhe cumprir, á resolução da assembléa nacional;

20 — nomear os oficiais superiores do exercito, da armada e da aviação;

21 — exercer a iniciativa legislativa, e promover o **referendum;**

22 — dirimir os conflitos entre a assembléa nacional e o ministerio, na forma desta Constituição.

Art. 89 — Quando a assembléa nacional solenemente manifestar-se contra o ministerio ou algum ministro, a respectiva mesa, no mesmo dia, levará a moção votada ao conhecimento do presidente da Republica, cuja resolução será comunicada á assembléa, dentro de 48 horas.

§ 1.º — Poderá o presidente demitir, ou não, o ministerio ou ministro censurado. Si optar, porém, pela manutenção do ministerio ou do ministro, cumprir-lhe-á declarar á assembléa os motivos da sua resolução.

§ 2.º — Si a assembléa não se conformar com a decisão presidencial, e reiterar a sua manifestação hostil ao ministro, deverá o presidente demiti-lo, salvo si o ministerio se declarar solidario com o ministro em causa, e o presidente, não querendo destituir o ministerio, preferir o **referendum** para solução do conflito.

§ 3.º — Procederá ainda o presidente na mesma forma do paragrafo anterior, quando a assembléa reiterar o seu voto hostil a todo o ministerio.

§ 4.º — O **referendum** se realizará apenas no distrito federal e nas capitais dos Estados.

§ 5.º — Si o resultado do **referendum** fôr favoravel á assembléa, seguir-se-á a demissão coletiva do ministerio; contrariamente, é a assembléa que terá de se dissolver, de **motu** proprio ou por decreto presidencial.

Art. 90.º — O presidente da Republica poderá ser destituido do cargo por um plebiscito. Só á assembléa é licito tomar essa iniciativa mediante dois terços dos votos de seus membros.

Decretado o plebiscito, ficará o presidente suspenso do exercicio de suas funções.

Si o voto popular fôr contrario á destituição, reassumirá o presidente o seu cargo, dissolvendo-se a assembléa.

Art. 91 — São crimes de responsabilidade os atos do presidente que atentarem contra:

1.º — a existencia politica da União;

2.º — a forma de governo da União e dos Estados;

3.º — a Constituição e as leis;

4.º — o livre exercicio dos poderes politicos;

5.º — o gozo e exercicio legal dos direitos individuais, sociais e politicos;

6.º — a segurança interna e externa do país;

7.º — a integridade do territorio nacional;

8.º — o decoro do cargo e a probidade funcional;

9.º — as leis orçamentarias, quanto aos atos que praticar e aos que forem praticados em virtude de ordem sua, dada por escrito.

Art. 92 — O presidente será submetído a processo e julgamento, depois que a assembléa declarar procedente a acusação perante o supremo tribunal federal, nos crimes comuns, e, nos de responsabilidade, perante o tribunal especial, de que trata o § 2.º deste artigo.

§ 1.º — Decretada a procedencia da acusação, ficará o presidente suspenso de suas funções.

§ 2.º — No inicio de cadá quadrienio presidencial, constituir-se-á o tribunal especial do presidente do supremo tribunal federal, servindo de juizes três ministros do mesmo tribunal, por este designados, e três deputados eleitos pela assembléa.

§ 3.º — Na primeira sessão ordinaria da primeira legislatura, decretará a assembléa a lei reguladora da acusação, processo e julgamento. (1)

CAPITULO III

O PODER LEGISLATIVO

Art. 93 — O poder legislativo é exercido pela Assembléa Nacional, com a sanção do presidente da Republica.

Art. 94 — A assembléa nacional compõe-se de 250 deputados do povo brasileiro, eleitos por quatro anos, mediante sistema proprocional, e sufragio universal, igual, di-

(1) Const. de 1891, arts. 41 a 54, da Alemanha, art. 43.

reto e secreto, dos maiores de 18 anos, de ambos os sexos, alistados na forma da lei.

§ 1.º — Cada Estado, e o Distrito Federal, constituirá uma circunscrição eleitoral para a eleição de quatro deputados.

§ 2.º — Para a eleição dos deputados restantes, o territorio nacional constituirá uma unica circunscrição eleitoral.

§ 3.º — A assembléa poderá, em qualquer tempo, modificar o numero de deputados, mediante a deliberação de dois terços dos seus membros, em duas sessões anuais.

Art. 95 — A assembléa reunir-se-á, na capital federal, independentemente de convocação, a 3 de maio de cada ano, si a lei não fixar outro dia, e funcionará durante seis mêses improrogaveis.

§ 1.º — Só a assembléa é competente para deliberar sobre o adiamento de suas sessões.

§ 2.º — A assembléa só poderá reunir-se extraordinariamente por convocação da sua comissão permanente, ou do presidente da Republica.

§ 3.º — As suas deliberações serão sempre tomadas por maioria de votos e não poderá deliberar sem a presença da maioria absoluta dos seus membros. Poderá, entretanto, funcionar desde que estejam presentes dez deputados, só deliberando nas condições de 1.ª alinea deste paragrafo.

§ 4.º — Compete-lhe eleger a sua mesa, elaborar o seu regimento interno; regular a sua policia interna; e organisar a sua secretaria.

Art. 96 — Os deputados são inviolaveis por suas opiniões, palavras e votos, no exercicio do mandato.

Art. 97 — Os deputados, desde que tiverem recebido diploma até a nova eleição, não poderão ser presos, nem processados criminalmente, sem prévia licença da assembléa, salvo o caso da flagrancia em crime inafiançavel. Neste caso, encerrada a formação da culpa ou instrução criminal, o juiz processante remeterá os autos á assembléa para resolver sobre a procedencia da acusação, si o acusado não optar pelo julgamento imediato.

§ 1.º — Nos casos em que, por não haver prisão em flagrante, a licença da assembléa preceder á abertura do sumario de culpa, poderá o juiz sumariante, sempre que não encontrar fundamento nas provas, declarar improcedente a denuncia ou a queixa, independente de prévia licença da assembléa.

§ 2.º — A imunidade, salvo a flagrancia em crime inafiançavel, protege o deputado contra qualquer prisão, mesmo as determinadas por motivo de ordem civil ou militar.

Art. 98 — Em tempo de guerra, os deputados pertencentes aos quadros das forças militares do exercito, da armada e aviação, ficam sujeitos ás obrigações militares. Os deputados civis que, voluntariamente ou como reservistas, forem incorporados ás fileiras de qualquer das forças armadas, serão considerados em comissão militar e sujeitos, nesse periodo, ás leis e regulamentos respectivos. Nestes dois casos, a incorporação independe da prévia licença da assembléa, e o deputado fica impedido de tomar parte nas respectivas deliberações e votações, salvo a hipotese de convocação extraordinaria da assembléa para os fins declarados nesta constituição.

Art. 99 — A inviolabilidade, declarada no art. 96, não se estende ás palavras que o deputado proferir, ainda mesmo em sessão da assembléa nacional, desde que não se liguem ao exercicio do mandato e nenhuma relação com ele tenham.

§ 1.º — Não se consideram inherentes ao exercicio do mandato as publicações e transcrições feitas individualmente pelo deputado, em livro, panfleto ou jornal, que não seja o orgão oficial da assembléa, salvo o disposto no paragrafo seguinte.

§ 2.º — A inviolabilidade estende-se a tudo quanto o deputado disser fóra do recinto da assembléa, ou publicar fóra do jornal oficial, desde que o seja a serviço da mesma assembléa, ou no exercicio de sua função de representante do povo.

Art. 100 — Nenhum deputado, uma vez eleito, poderá celebrar ou manter contratos com a administração publica, na União, nos Estados e nos Municipios, nem dela receber comissões ou empregos remunerados, salvo as missões diplomaticas extraordinarias.

Art. 101 — O deputado não póde tambem ser presidente ou fazer parte de diretorias de bancos, companhias ou emprezas, que gozem de favores dos governos federal, estadoal e municipal.

Art. 102 — A inobservancia dos preceitos contidos nos arts. 100 e 101 importa a perda do mandato, a juizo do superior tribunal eleitoral.

Art. 103 — O mandato legislativo é incompativel com o exercicio de qualquer outra função publica, salvo a exceção do art. 100.

Art. 104 — São condições de elegibilidade para a assembléa nacional:

1.º — ser eleitor e maior de 25 anos;

2.º — ter mais de quatro anos de cidadania brasileira.

Art. 105 — Compete privativamente á assembléa nacional:

1.º — orçar, anualmente, a receita e despeza, e tomar as contas de ambas, relativas a cada exercicio financeiro, prorogado o orçamento anterior, si até 1.º de janeiro não entrar o novo em vigor;

2.º — autorizar o poder executivo a contrair emprestimos, e a fazer outras operações de credito;

3.º — dar ou negar aos Estados e Municipios autorização para contrairem emprestimos externos;

4.º — legislar sobre a divida publica, e crear os meios para o seu pagamento;

5.º — regular a arrecadação e a distribuição das rendas federais;

6.º — legislar sobre o comercio exterior e interior, podendo autorizar as limitações exigidas pelo bem publico, e sobre o alfandegamento de portos e a creação e supressão de entrepostos;

7.º — legislar sobre a organização da justiça federal;

8.º — resolver definitivamente sobre os limites do territorio nacional com as nações limitrofes, bem como sobre os convenios feitos pelos Estados, entre si;

9.º — autorizar o presidente da Republica a declarar a guerra, si não tiver logar ou malograr-se o recurso do arbitramento, e a fazer a paz;

10 — resolver definitivamente sobre os tratados e convenções com as nações estrangeiras;

11 — mudar a capital da União;

12 — conceder auxilios financeiros aos Estados;

13 — outorgar ao presidente da Republica plenos poderes na emergencia de agressão ou de comoção intestina;

14 — conceder anistia;

15 — legislar sobre a organização do distrito federal;

16 — regular a extradição entre os Estados;

17 — legislar sobre outras materias da competencia da União;

18 — decretar as leis organicas para a completa execução da Constituição.

Art. 106 — A assembléa poderá crear comissões de inquerito, e deverá faze-lo sempre que o requerer um quarto de seus membros.

§ 1.º — O regimento da assembléa prescreverá as normas a serem observadas nos inqueritos.

§ 2.º — As autoridades judiciarias e administrativas são obrigadas a executar as diligencias que as comissões lhes requisitarem, e bem assim a exibir e fornecer os documentos oficiais que elas reclamarem.

Art. 107 — A assembléa, desde que o requeira um quarto de seus membros ou alguma de suas comissões, tem o direito de pedir o comparecimento de qualquer dos ministros afim de lhe dar explicações sobre negocios da sua pasta.

§ 1.º — O ministro que não comparecer, no dia e hora designados, incorrerá em responsabilidade, salvo si apresentar escusa legitima, e a assembléa lhe marcar novo dia para ser ouvido.

§ 2.º — A responsabilidade do ministro ficará dependendo do voto da assembléa, e será promovida perante o tribunal competente.

§ 3.º — Qualquer dos ministros tem o direito de comparecer espontaneamente perante a assembléa, ou perante as suas comissões, para lhes prestar esclarecimentos acerca dos negocios do seu ministerio.

Art. 108 — A assembléa elegerá, por voto secreto e sistema proporcional, uma Comissão Permanente de vinte e um deputados, sob a direção do presidente da assembléa, para represental-a nos intervalos das sessões, exercendo as seguintes atribuições:

1.º — aprovar as nomeações de ministros de Estado, de embaixadores e outros diplomatas, e de ministros do supremo tribunal federal;

2.º conceder plenos poderes ao presidente da Republica;

3.º — deliberar sobre os projetos de lei que o presidente da Republica lhe propuzer, e, quando aprovados por maioria de votos, decreta-los como leis provisorias;

4.º — conceder licença para a prisão e processo dos deputados

5.º — convocar extraordinariamente a assembléa;

6.º — deliberar sobre outras materias, conforme o que lhe facultar o regimento da assembléa. (1)

---

(1) Const. de 1931, da Espanha, art. 62, ante-proj. da sub-comissão constitucional.

CAPITULO IV

O PODER EXECUTIVO

Art. 109 — O poder executivo é delegado a um conselho de ministros, nomeados pelo presidente da Republica, com a aprovação da assembléa nacional, ou da sua comissão permanente.

O presidente da Republica designará o ministro a quem caiba presidir o conselho ministerial.

Art. 110 — Compete ao ministerio exercer a alta administração federal, e ao seu presidente dirigir e representar a politica geral do governo. Cada ministro tem a direção dos serviços pertencentes ao seu departamento, mas as deliberações serão coletivas e tomadas por maioria absoluta de votos.

Art. 111 — São requisitos para o cargo de ministro:

a) ser brasileiro nato;

b) ser eleitor;

c) ter mais de 25 anos.

Art. 112 — Os ministros são indemissiveis, salvo as exceções declaradas nesta Constituição, e a da perda do cargo, por condemnação do tribunal competente. Fóra desses casos, exercerão eles as suas funções até a terminação do periodo presidencial.

Art. 113 — Os ministros não poderão acumular o exercicio de outro emprego ou função publica, nem ser eleitos presidente da Republica ou de Estado, deputado federal e estadoal.

Art. 114 — O deputado que aceitar o cargo de ministro perderá o mandato, procedendo-se imediatamente á nova eleição, na qual não poderá ser votado.

Art. 115 — Os ministros são solidariamente responsaveis com o presidente da Republica, e nos crimes de responsabilidade em que este incorrer, serão tambem processados e julgados pelo mesmo tribunal especial que julgar o presidente.

Art. 116 — Os ministros são individualmente responsaveis pelos atos da sua gestão, e coletivamente pelos que praticarem em virtude de resoluções tomadas em conjunto.

Art. 117 — São crimes de responsabilidade ministerial os crimes definidos no art. 91, e mais os atos que atentarem contra:

1.º — a probidade da administração;

2.º — a guarda e o emprego legal dos dinheiros publicos;

3.º — as leis orçamentarias votadas pela assembléa;

4.º — as garantias do funcionalismo publico;

5.º — a legalidade e a moralidade no provimento dos cargos publicos.

Art. 118 — Nos crimes comuns, os ministros serão processados e julgados pelo supremo tribunal federal, e, nos de responsabilidade, pelo tribunal especial, instituido para o processo e julgamento do presidente da Republica.

Art. 119 — Compete ao ministerio:

1.º — auxiliar o presidente da Republica e referendar-lhe os atos;

2.º — elaborar decretos-leis que o presidente da Republica haja de submeter á apreciação da comissão-permanente;

3.º — redigir projetos de lei que o presidente da Republica queira propôr á assembléa nacional;

4.º — propôr ao presidente da Republica os decretos e regulamentos necessarios á bôa execução das leis e dos serviços federais;

5.º — prover os cargos civis e militares, respeitadas as prerogativas do presidente da Republica e observadas outras restrições expressas nesta Constituição;

6.º — administrar o exercito, a armada e a aviação;

7.º — nomear os agentes consulares;

8.º — entabolar negociações para ajustes, convenções e tratados internacionais;

9.º — crear e suprimir cargos federais, dentro das leis e verbas orçamentarias, fixar-lhes as atribuições, e estipular os respectivos vencimentos;

10 — conceder aposentadorias, reformas e licenças;

11 — apresentar relatorios anuais ao presidente da Republica e á assembléa nacional, no dia da sua instalação;

12 — organisar o projeto de orçamento da receita e despeza, com as respectivas tabélas explicativas, e envia-lo á assembléa nacional, na data da sua reunião.

Art. 120 — Nas suas faltas e impedimentos, os ministros se substituem reciprocamente. No caso de demissão coletiva do ministerio, designará o presidente da Republica funcionarios superiores da administração para exercerem interinamente as funções ministeriais até á formação do novo ministerio.

Art. 121 — O presidente da Republica tem a faculdade de demitir o ministerio ou os ministros, que se negarem a auxilia-lo ou a referendar-lhe os atos. Deverá, outrosim, demitir, por proposta do presidente do conselho, os ministros que deste dissentirem, ou que não se subordinarem ás decisões coletivas do ministerio. (2)

CAPITULO V

O PODER JUDICIARIO

Art. 122 — O poder judiciario é exercido:

a) por um supremo tribunal federal. com séde na capital da União. e jurisdição em todo o territorio nacional;

b) pelas justiças locais, nos Estados, no Distrito Federal e nos Territorios;

c) — pela justiça militar.

Art. 123 — Quando a bôa administração da justiça o exigir, serão creados tribunais de circuitos, distribuidos pelo país, aos quais deverá a lei respectiva transferir certas funções do supremo tribunal federal.

Art. 124 — Compor-se-á o supremo tribunal federal de quinze ministros, nomeados pelo presidente da Republica, dentre os

(2) Const. de 1891, arts. 49-52, da Alemanha, arts. 52-59, da Austria, arts. 69-78, de Portugal (proj.), arts. 106-114.

brasileiros natos, de notavel saber juridico, maiores de 35 anos, e no gozo de seus direitos civis e politicos. As nomeações ficarão dependentes da aprovação da assembléa nacional ou, nos intervalos das suas sessões, da comissão permanente, cumprindo a uma e outra deliberar secretamente.

Art. 125 — Os ministros do supremo tribunal são vitalicios, e só perderão os cargos por sentença judicial, ou por aposentadoria compulsoria, quando atingirem a idade de 75 anos.

§ 1.º — Os seus vencimentos serão determinados por lei, e não poderão ser diminuidos, sob nenhum pretexto.

§ 2.º — Nos crimes de responsabilidade serão processados e julgados pelo mesmo tribunal especial organisado para conhecer da responsabilidade do presidente da Republica.

§ 3.º — Nos casos em que, por lei, a substituição haja de verificar-se, serão substituidos pelos presidentes dos tribunais locais superiores, segundo a ordem que a lei estabelecer.

§ 4.º — O presidente da Republica designará, dentre os ministros, o procurador geral, cujas funções serão definidas em lei.

Art. 126 — Ao supremo tribunal federal compete:

I — organisar o seu regimento interno e a sua secretaria, nomear e demitir os respectivos empregados, crear e suprimir empregos, dentro das verbas orçamentarias;

II — eleger o seu presidente e vice-presidente, na forma e pelo tempo que o regimento determinar;

III — processar e julgar, originaria e privativamente:

a) o presidente da Republica e os ministros de Estado, nos crimes comuns;

b) os ministros do supremo tribunal federal, nos crimes comuns, e os membros dos tribunais superiores locais, nos crimes comuns e nos de responsabilidade;

c) os embaixadores e ministros diplomaticos, os ministros do tribunal de contas e do supremo tribunal militar, nos crimes comuns e nos de responsabilidade;

d) as causas e conflitos entre a União e os Estados, ou destes entre si;

e) as causas e as reclamações entre as nações estrangeiras e a União ou os Estados;

f) os conflitos de jurisdição dos juizes e tribunais de um Estado com os juizes e os tribunais de outro Estado;

g) a extradição de criminosos, pedida

por outras nações, e a homologação de sentença estrangeira;

h) as ações rescisorias dos seus acordaõs;

i) o **habeas-corpus**, quando tenha sido denegado por qualquer juiz ou tribunal local, ou pelo supremo tribunal militar e superior tribunal eleitoral; quando a coação ou a sua ameaça fôr feita contra funcionario federal, ou proceder de autoridades cujos atos estejam sujeitos á jurisdição do supremo tribunal federal, ou se tratar de crimes sujeitos a essa jurisdição, em primeira ou em ultima instancia; e, finalmente, quando a coação ou a sua ameaça fôr contra um direito politico certo, liquido e incontestavel;

IV — revêr os processos findos em materia criminal, a favor dos condemnados, nos casos e pela forma que a lei determinar, compreendendo-se nesta atribuição os processos militares e podendo a revisão ser requerida pelo sentenciado, ou por qualquer pessôa, e devendo o procurador geral promovel-a quando verificar o seu cabimento legal;

V — julgar, em gráo de recurso, as causas decididas pelas justiças locais, em unica ou em ultima instancia:

a) quando na causa fôr, de qualquer

modo, interessada a fazenda nacional, e nela houver intervindo como autora, ré, assistente ou opoente;

b) quando se questionar sobre a aplicação de uma lei federal, e o tribunal local decidir contra a literal disposição dessa lei;

c) quando se questionar sobre a vigencia, ou validade das leis federais em face da Constituição, e a decisão do tribunal local lhes negar aplicação;

d) quando se contestar a validade de leis ou atos dos governos locais, em face da Constituição e das leis federais, e a decisão do tribunal local julgar validos esses atos, ou aquelas leis;

e) quando houver diversidade de interpretação da mesma lei federal entre dois ou mais tribunais locais de Estados diferentes, ou entre um desses tribunais e o proprio supremo tribunal federal;

f) quando se tratar de questão de direito internacional, civil ou criminal, ou de espolio estrangeiro, si a especie não estiver, de modo diferente, prevista em convenção ou tratado;

g) quando se tratar de causa entre um Estado e habitante de outro, ou entre Estados estrangeiros e cidadãos brasileiros;

h) quando se tratar de ações movidas

por estrangeiros e fundadas, quer em contratos com o governo da União, quer em convenções ou tratados da União com outras nações;

i) quando se tratar de questões de direito maritimo e navegação, assim no oceano, como nos rios e lagos do país;

j) quando se tratar de sentença, condemnatoria ou absolutoria, em processo por crime politico, ou por crime cometido contra serviços e interesses a cargo da União;

VI — julgar os recursos interpostos:

a) — dos atos do poder executivo, ou do poder legislativo local, na hipotese de violação de qualquer principio constitucional. relativo á organisação das magistraturas estadoais;

b) das decisões da justiça local, denegatorias de **habeas-corpus,** ainda que a decisão seja de primeira instancia, e o juiz ou tribunal não o tenha concedido, por se considerar incompetente, ou por julgar não dever conhecer do pedido.

Art. 127 — As sentenças e ordens do supremo tribunal federal serão executadas pela autoridade judiciaria, que ele determinar, e a que a força publica, federal ou estadoal, prestará auxilio quando por ela invocado.

Art. 128 — Os Estados, na organisação das suas justiças, obedecerão aos seguintes principios:

a) concurso para a investidura, nos primeiros gráos;

b) acesso por antiguidade e merecimento, na proporção de dois por antiguidade e um por merecimento;

c) nomeação e acesso mediante proposta dos tribunais superiores, em listas organisadas pela forma que a lei determinar, podendo nas de merecimento entrar juristas de notorio saber e reputação, embora estranhos á magistratura;

d) vitaliciedade, não podendo o magistrado perder o logar senão por sentença, ou por aposentadoria voluntaria, ou na hipotese de atingir a idade de 75 anos, em que será aposentado compulsoriamente;

e) inamovibilidade, para o efeito de não ser removido, senão a pedido, por acesso voluntario, ou por proposta do tribunal superior, quando o exigir o serviço publico;

f) os dois gráos de jurisdição, havendo sempre recurso **ex-oficio** para o tribunal superior nos casos do art. 126 V lets. a) f) g) h) i) e j), sem prejuizo, porém, dos tribunais superiores e do estabelecimento de alçadas para as pequenas causas;

g) incompatibilidade absoluta da função judiciaria com qualquer outra função publica;

h) irredutibilidade de vencimentos, cujo pagamento não poderá, em caso algum, ser retardado;

i) inalterabilidade da divisão judiciaria antes do termo de cada decenio, contado da ultima.

Art. 129 — A justiça local, além das atribuições ordinarias que a lei estadoal lhe conferir, terá sempre as mencionadas no art. 126 V lets. a) f) g) h) i) e j), e as suas decisões, nas materias de sua competencia, porão termo aos processos, salvo nos casos mencionados no mesmo artigo.

Art. 130 — Ficam mantidas a instituição do juri e as justiças de paz, reguladas a eleição e a competencia destas pelas leis estadoais.

Além dos juizes vitalicios, poderão ser creados juizes inferiores e temporarios para as causas de pequeno valor e preparo das da competencia daqueles juizes, regulando as mesmas leis as condições de nomeação dos juizes inferiores, sua competencia e tempo de exercicio.

Art. 131 — Fica mantido o ministerio publico federal, cujos orgaõs e atribuições serão determinados por lei.

Art. 132 — A justiça militar, para o processo e julgamento dos crimes militares, compor-se-á de um supremo tribunal militar, com séde na capital federal, de auditores e conselhos necessarios á formação da culpa e ao julgamento daqueles crimes.

§ 1.º — Os membros do supremo tribunal e os auditores serão vitalicios, e só perderão os seus cargos em virtude de sentença, não podendo os auditores ser removidos, senão a pedido, ou por necessidade do serviço militar, ou por proposta do supremo tribunal militar, quando o exigir o serviço publico.

§ 2.º — A organisação da justiça militar será objeto de lei especial. (1)

TITULO III

LEGISLAÇÃO FEDERAL

Art. 133 — A proposição de leis compete:

1.º — á assembléa nacional, sob a iniciativa de qualquer dos seus membros;

---

(1) Proj. Artur Ribeiro, ministro do Sup. Trib. Federal.

2.º — ao presidente da Republica;
3.º — aos conselhos familiares;
4.º — ás associações, quando pessôas juridicas de direito publico;
5.º — ao eleitorado ou a uma fração dele.

Art. 134 — Qualquer que seja a sua origem, a proposição de uma lei deve ser apresentada á assembléa sob a forma de projeto, para que seja considerado objeto de deliberação, seguindo os tramites que o regimento da assembléa indicar.

Os projetos de lei de origem presidencial serão sempre acompanhados de mensagens explicativas, e os outros se-lo-ão de exposições de motivos. A assembléa poderá emendar esses projetos, mas não rejeita-los **in limine**.

Art. 135 — Todo o projeto de lei de iniciativa popular deverá ser subscrito por 10.000 eleitores, no minimo, preenchendo ainda outros requisitos que a lei ordinaria exigir.

Quando o projeto fôr subscrito pela maioria do eleitorado da Republica, não poderá a assembléa rejeita-lo, senão emenda-lo parcialmente.

Art. 136 — O projeto de lei adotado

pela assembléa nacional será enviado ao presidente da Republica, que, aquiescendo, o sancionará e promulgará.

§ 1.º — Quando o presidente da Republica julgar um projeto de lei inconstitucional ou contrario aos interesses nacionais, o vetará, em parte ou no todo, dentro de 30 dias, a contar do em que o recebeu, devolvendo-o, dentro desse prazo, á assembléa, com os motivos do véto.

§ 2.º — O silencio do presidente, nos 30 dias, importa a sanção, e, no caso de ser esta negada, quando já estiver encerrada a assembléa, o presidente dará publicidade ás suas razões.

§ 3.º — Devolvido o projeto á assembléa, aí se sujeitará a uma unica discussão e á votação nominal, considerando-se aprovado, si obtiver maioria absoluta de votos. Neste caso, será o projeto remetido ao presidente da Republica para a formalidade da promulgação.

§ 4.º — A sanção e a promulgação efetuam-se por estas formulas:

1.ª — **A assembléa nacional decreta e eu sanciono a seguinte lei (ou resolução).**

2.ª — **A assembléa nacional decreta e eu promulgo a seguinte lei (ou resolução).**

Art. 137 — Não sendo a lei promulgada, dentro de 48 horas pelo presidente da Republica, nos casos dos §§ 2.º e 3.º do art. 136, o presidente ou o vice-presidente da assembléa, si o primeiro o não fizer em igual prazo, a promulgará, usando da seguinte formula:

F...... presidente (ou vice-presidente) da assembléa nacional, faço saber aos que a presente virem que a assembléa nacional decreta e promulga a seguinte lei (ou resolução).

Art. 138 — E' facultado ao presidente da Republica, aos conselhos familiares, ás associações de direito publico e ao eleitorado, representado na sua terça parte, pelo menos, promover o **referendum** legislativo, nos casos, e pela forma que a lei ordinaria regular.

Art. 139 — A Constituição poderá ser reformada por iniciativa da assembléa nacional ou das assembléas dos Estados.

§ 1.º — Considerar-se-á proposta a reforma, quando, sendo apresentada por uma quarta parte, pelo menos, dos membros da assembléa nacional, fôr aceita, em três discussões, por dois terços dos seus votos, ou quando fôr solicitada por dois terços dos Estados, no decurso de um ano, representado cada Estado pela maioria de votos de sua assembléa.

§ 2.º — Essa proposta dar-se-á por aprovada, si no ano seguinte o fôr, mediante três discussões, por maioria absoluta dos votos da assembléa nacional.

§ 3.º — Aprovada a proposta, será ela promulgada pela mesa da assembléa e assinada pelos membros desta

§ 4.º — Após a sua promulgação, a reforma constitucional poderá ser submetida ao **referendum** popular, nos termos do art. 138. (1)

---

(1) Const. de 1891, da Alemanha, arts. 73-76, da Austria, arts. 41-46, ante-proj. da sub-comissão constitucional.

ADMINISTRAÇÃO FEDERAL

TITULO IV

Art. 140 — A administração federal pertence privativamente ao conselho de ministros, a cuja direção ficam subordinados todos os serviços da União, e as respectivas autoridades e funcionarios.

Art. 141 — As funções ministeriais serão exercidas com absoluta fidelidade á Constituição, ás leis e ao orçamento da Republica.

Art. 142 — Compete a cada ministro:

a) elaborar os projetos de lei relativos aos serviços que superintender;

b) preparar a proposta de orçamento do seu ministerio;

c) deliberar em conselho sobre o orçamento geral da receita e despeza, cujo plano cumprirá ao ministro da fazenda organizar e propôr.

Art. 143 — As rendas e despezas da União devem ser avaliadas por previsão para cada exercicio, e incorporadas ao orçamento.

Em geral, as despezas serão votadas para um exercicio; e, só por exceção, se-lo-ão por um prazo mais longo.

A assembléa nacional não pode aumentar as despezas no projeto de orçamento, nem nele introduzir novas, sendo-lhe vedado igualmente negar verbas a serviços já creados ou intervir na respectiva organisação.

Art. 144 — A despeza se divide em ordinaria e extraordinaria: a primeira é fixa e compreende os serviços publicos de carater permanente; a segunda é variavel e só deve conter serviços e obras de execução facultativa e duração limitada.

Art. 145 — A receita deve consignar a estimativa dos impostos, taxas e contribuições, bem como os fundos provenientes de emprestimos, emissões de apolices, obrigações e titulos do tesouro, saldos de depositos, e outras quaisquer operações de credito.

Art. 146 — Nenhuma receita pode ser creada por meio de emprestimo senão para prover a necessidades extraordinarias ou para inverter-se em obras reprodutivas.

Art. 147 — As leis de orçamento não podem conter disposições estranhas á previsão da receita e da despeza, exceto as autorizações:

a) para a abertura de creditos suplementares e operações de credito, por antecipação de receita;

b) para a disposição do saldo de exercicio ou liquidação do **deficit**.

Art. 148 — A assembléa não poderá conceder creditos ilimitados, nem votar creditos extraordinarios senão nos casos de calamidade publica, epidemias, rebelião e guerra externa.

Art. 149 — O poder executivo não poderá abrir creditos, contrair emprestimos, emitir papel moeda ou titulos do tesouro, sem prévia audiencia do tribunal de contas. Si este opinar contra a iniciativa do governo, só a assembléa nacional poderá resolver a respeito, de modo definitivo.

Art. 150 — Os contratos e atos administrativos, trazendo despezas ou interessando á receita, não serão executados sem o prévio registo do tribunal de contas. A denegação do registo suspenderá a execução do ato ou contrato até o pronunciamento da assembléa nacional.

Art. 151 — O ministerio tem a obrigação, cada ano, de prestar contas á assembléa do exercicio financeiro anterior, explicando como foram arrecadadas as rendas e como foram empregados os dinheiros publicos.

Art. 152 — Os funcionarios federais são vitalicios, e só perderão os seus cargos por efeito de sentença judicial. Excetuam-se os cargos superiores ou de direção geral, e as comissões temporarias, que serão de livre nomeação e demissão.

Os direitos e deveres do funcionalismo federal serão consolidados em lei especial.

Art. 153 — Os cargos inferiores serão providos por concurso, e os medios por antiguidade e, excepcionalmente por merito.

Art. 154 — A aposentadoria e a reforma, salvo quando compulsorias, só serão concedidas nos casos de invalidez no serviço publico.

Art. 155 — Os funcionarios federais são estritamente responsaveis pelos abusos e omissões em que incorrerem no exercicio de seus cargos, assim como pela indulgencia ou negligencia em não responsabilisarem efetivamente os seus subalternos. O funcionario obrigar-se-á por compromisso, no ato da posse, ao desempenho dos seus deveres legais.

Art. 156 — Nenhum emprego pode ser creado, e nenhum vencimento póde ser estipulado ou aumentado, sem verba orçamentaria que o autorize.

TITULO V

OS ESTADOS

Art. 157 — Cada Estado reger-se-á pela constituição e pelas leis que adotar, respeitadas as seguintes normas constitucionais;

1.º — os principios definidos no art. 80;

2.º — a competencia privativa da União;

3.º — as bases da organisação judiciaria;

4.º — a organisação administrativa do tit. IV.

Art. 158 — E' defeso ao Estado:

1.º — recusar fé aos documentos publicos, de natureza legislativa, administrativa, ou judiciaria, da União, ou de qualquer dos Estados;

2.º — rejeitar a moeda, ou a emissão bancaria em circulação, por ato do governo federal;

3.º — fazer ou declarar guerra entre si, e usar de represalias;

4.º — denegar a extradição de criminosos, reclamados pelas justiças de outros

Estados, ou do Distrito Federal. quando preenchidas as formalidades que a lei federal prescrever;

5.º — emitir titulos de divida publica, pagaveis em moeda estrangeira ou fóra do territorio nacional; contrair emprestimos no estrangeiro; sem preceder, nos dois casos, o assentimento da assembléa nacional;

6.º — ter exercito, marinha e aviação militar;

7.º — adquirir armamentos sem prévia autorização do governo federal.

Art. 159 — Os Estados têm o direito de crear e manter forças policiais, tendo a União a faculdade de utilisa-las e mobilisa-las em tempo de guerra, interna e externa. Em casos extraordinarios, é dever do governo federal auxiliar o policiamento e a manutenção da ordem publica nos Estados, pondo á disposição dos seus governos os necessarios contingentes da tropa federal.

Art. 160 — Os Estados organisar-se-ão de forma que fique assegurada a autonomia dos municipios em tudo que respeitar ao seu peculiar interesse administrativo e economico.

Art. 161 — As constituições estadoais deverão estabelecer as bases da organisação municipal.

TITULO VI

DISPOSIÇÕES GERAES

Art. 162 — O presidente da Republica, com o consentimento da assembléa ou da sua comissão permanente, no intervalo das sessões, poderá assumir a plenitude do poder publico, quando o exigir a segurança da nação, em caso de agressão estrangeira ou comoção intestina. No exercicio, porém, das funções imanentes aos poderes legislativo e executivo não poderá jamais o presidente suspender as garantias constitucionais, nem impedir, de qualquer modo, a livre ação do poder judiciario.

Art. 163 — Os oficiais do exercito, da armada e da aviação só perderão suas patentes por condenação a mais de dois anos, passada em julgado. A organisação das forças armadas será objeto de uma lei especial.

Art. 164 — Os militares só terão fôro especial nos delitos militares.

Art. 165 — Os Estados Unidos do Brasil só farão a guerra defensiva. O arbitramento é obrigatorio para dirimir os litigios internacionais, quando improficuas venham a ser as diligencias diplomaticas.

Art. 166 — E' mantido o tribunal de

contas com a sua atual competencia. A assembléa nacional, na primeira legislatura, creará um tribunal de justiça administrativa com a exclusiva competencia de decidir as reclamações ou recursos contra os atos das autoridades administrativas da União e dos Estados. O tribunal terá a sua séde na capital federal.

Art. 167 — Quando o Supremo Tribunal Federal, no julgamento de algum feito, declarar, por maioria absoluta de votos, inconstitucional uma lei federal ou estadoal, imediatamente o presidente da Republica ou o do Estado decretará a insubsistencia da mesma lei, na sua integra ou nos textos designados. Para esse fim fará o tribunal, a um ou outro, a comunicação do que houver decidido, e fixará ou não o prazo depois do qual cessará a lei de vigorar.

O mesmo procedimento será observado quando o tribunal deixar de aplicar um regulamento por ser contrario á lei.

Art. 168 — As regras universalmente aceitas do Direito Internacional são consideradas parte integrante do Direito Nacional.

Art. 169 — Os quadrienios presidenciais não têm datas prefixadas de inicio e terminação. Qualquer que seja o momento da eleição, cada presidente eleito exercerá o cargo por quatro anos precisos.

Art. 170 — A União exercerá ação direta sobre os Territorios, dando a cada um a organisação mais apropriada.

171 — A União manterá, no nordeste brasileiro, serviços permanentes de defesa contra as sêcas. São obrigatorias, no orçamento anual, as verbas destinadas ao custeio dos mesmos e das respectivas obras. (1)

DISPOSIÇÕES TRANSITORIAS

Art. 172 — Promulgada esta Constituição, a Assembléa Constituinte elegerá em seguida, por maioria absoluta de votos, no primeiro escrutinio, e, si nenhum candidato a obtiver, por maioria relativa no segundo, o presidente dos Estados Unidos do Brasil.

§ 1.º — O presidente, eleito na forma deste artigo, exercerá a presidencia durante um quadrienio, contado do dia da posse.

§ 2.º — Para essa eleição não haverá incompatibilidades.

§ 3.º — Eleito o presidente da Republica, a assembléa dará por finda a sua missão constituinte, dissolvendo-se em seguida.

(1) Const. de 1891, tit. V, da Austria, arts. 139-140.

§ 4.º — Imediatamente marcará o poder executivo o dia para proceder-se á eleição da Assembléa Nacional.

Art. 173 — O Estado, que até o fim do ano de 1934, não houver decretado a sua constituição, será submetido, por ato da assembléa nacional, á de um dos outros, que mais adaptavel pareça, até que o Estado a reforme pela processo nela determinado.

Art. 174 — A' proporção que os Estados se forem organisando, o governo federal irá lhes entregando os serviços, que, pela Constituição, lhes competirem, e liquidará a responsabilidade da administração federal no tocante a esses serviços e ao pagamento do pessoal respectivo.

Art. 175 — Enquanto os Estados se ocuparem em regularizar as despezas, durante o periodo de organisação dos seus serviços, o governo federal lhes concederá, para esse fim, creditos especiais, segundo as condições estabelecidas em lei.

Art. 176 — Nos Estados que se forem organisando, entrará em vigor a divisão das rendas estabelecida nesta Constituição.

Art. 177 — Não sendo possivel instalar-se a 3 de maio de 1934, deverá a primeira assembléa nacional reunir-se em qualquer data desse ano.

Art. 178 — Incumbe á primeira assembléa nacional revêr os atos do governo provisorio, sobre os quais haja silenciado a assembléa constituinte.

Recife. 16 de setembro de 1933.

Borges de Medeiros

Pré-impressão, impressão e acabamento

grafica@editorasantuario.com.br
www.graficasantuario.com.br
Aparecida-SP

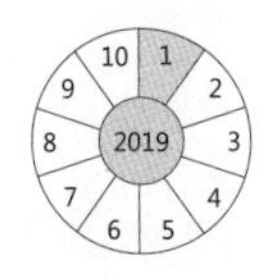